4·16구술증언록 단원고 2학년 7반 제9권

그날을 말하다

중근 아빠 안영진

4·16구술증언록 단원고 2학년 7반 제9권

그날을 말하다

중근 아빠 안영진

4·16기억저장소 기획 편집
(사) 4·16세월호참사가족협의회 지원 협조

한울

일러두기

1. 음절로 식별 가능한 소리를 들리는 대로 전사하는 것을 원칙으로 한다.

2. 의미를 파악하기 위해 추가 설명이 필요할 경우 [ ]로 표시한다.

3. 몸짓, 어조 등 비언어적 행위는 ( )로 표시한다.

4. 구술자가 말을 잇지 못해 말줄임표를 사용하는 경우 ……, …로 길고 짧음을 표시한다.

5. 비공개 영역은 〈비공개〉로 표시한다.

6. 비공개해야 하는 희생자 형제자매의 이름은 ○○, △△ 등의 도형기호로, 생존자의 이름은 A, B, C 등 알파
   벳 대문자로 표시한다.

7. 비공개해야 하는 제3자는 직분이나 소속, 성만 공개하고, 이름은 ××로 표시한다. 비공개해야 하는 숫자는
   자릿수에 상관없이 □로 표시하며, 지명은 □□로 표시한다.

책머리에

4·16기억저장소에서는 세월호 참사 5주기를 맞아 구술증언 수집 사업의 결과물 일부를 100권의 책으로 발간하게 되었습니다. 이 사업은 2015년 6월부터 다양한 학문 분야 구술 연구자들의 자발적인 참여로 진행되어 왔으며, 세월호 참사를 좀 더 정확하고 다각적으로 기록하고 기억하고자 하는 노력의 일환으로 수행되었습니다.

2014년 참사 발생 이후, 참사 피해자들의 목격담과 경험은 안타깝게도 공식적인 국가기관과 언론의 기록 속에서 철저히 소외되거나 왜곡되었습니다. 그것은 세월호 참사가 우리에게 안긴 죽음과 고통의 충격만큼이나 우리 사회의 끔찍한 비극이었습니다. 따라서 사업을 진행하면서 세월호 참사 희생자 가족, 생존자, 생존자 가족, 어민, 잠수사, 활동가, 기자 등등, 참사의 초기 과정을 직접 경험한 분들의 증언을 우선적으로 수집했습니다. 구술자는 이 사업의 취지와 방식에 개인적으로 동의한 분 중에서 선정했으며, 참여 과정에 어떠한 금전적 보상이나 이익이 제공되지 않았습니다. 또한 구술증언 수집 사업을 진행하는 동안, 면담자는 연구자이자 참사를 겪은 공동체 시민으로서 최대한 윤리적이고자 노력했습니다.

구술자마다 매회 약 2시간씩 3회를 원칙으로 음성 녹취와 영상 촬영을 하는 방식으로 진행되었고, 증언의 일관성을 확보하기 위해 면담자는 큰 틀에서 공통 질문지를 사용했습니다. 공통 질문지의 내용은 참사와 구술자 간의 관계성에 따라 차이가 있지만, 유가족 구술의 경우 1회차 '참사 이전의 삶, 팽목항과 진도에서의 경험, 자녀에 대한 기억'을, 2회차 '참사 이후 투쟁과 공동체 활동 경험'을, 3회차 '참사 이후 개인 및 가족이 경험한 삶의 변화와 깨달음, 자녀의 현재적 의미'를 중심으로 했습니다. 이처럼 증언 내용은 참사 이전에서 시작해 참사 발생 당시의 경험과 이후의 변화 과정까지 폭넓게 수집했고, 면담자는 구술 채록 과정에서 구술자의 발화를 최대한 존중하고자 했으며, 무엇보다 각자의 특수한 경험과 다른 시각을 충실히 반영하고자 했습니다.

이 구술증언록의 발간을 위해, 채록된 음성 자료는 문서로 변환해 구술자와 함께 검토했고, 현재 시점에서 공개할 수 있는 영역과 할 수 없는 영역으로 구별했습니다. 따라서 책에 실린 내용은 모두 구술자로부터 공개를 허락받은 부분입니다. 비공개 영역은 추후 구술자의 동의를 받아 적절한 절차를 거쳐 추가로 공개될 수 있으리라 생각합니다.

이 구술증언록 100권에는 그동안 우리 사회에 왜곡되어 알려지거나 잘 알려지지 않았던, 참사 발생 직후 팽목항과 진도 혹은 바다에서의 초기 상황에 관한 중요한 증언이 포함되어 있습니다. 또한, 자녀를 잃는 잔인하고 애통한 상황을 겪으면서도 그 누구보다 강인한 정치적 주체로 성장할 수밖에 없었던 유가족의 마음과 경험을 구체적으로, 그리고 여러 각도에서 살펴볼 수 있습니다. 그 외에도, 이 구술증언록은 2014년을 전후한 한국 사회의 여러 측면을 드러내는 귀중한 자료가 되리라고 생각합니다. 무엇보다 국내외의 많은 분이 이 책을 읽어, 장차 세월호 참사의 진상 규명과 역사 서술에 기여할 수 있기를 바랍니다.

구술증언 수집 사업이 진행되고, 책으로 출간되기까지 많은 분의 도움과 지지가 있었습니다. 이 지면을 빌려 부족하나마 감사의 말씀을 전하고자 합니다.

먼저 (사)4·16세월호참사가족협의회와 4·16기억저장소에 감사를 드립니다. 이분들의 신뢰와 적극적인 협조가 없었다면, 이 사업은 처음부터 시작할 수조차 없었을 것입니다. 또한 어려운 정치 환경 속에서도 사업의 취지에 공감해 재정 지원을 결정해 준 아름다운가게와 역사문제연구소에 감사드립니다. 두 단체 덕분에, 이 사업을 4년 동안 계속해 올 수 있었습니다. 그리고 구술증언록 100권의 발간에 동의하고, 바쁜 일정에도 출판 실무를 기꺼이 맡아주신 한울엠플러스(주)에도 감사를 드립니다. 이 외에도 많은 개인과 단체가 직간접적으로 많은 도움을 주시고 격려해 주셨습니다. 여기에 모두 밝히지 못하는 것을 죄송하게 생각합니다.

　말할 필요도 없이, 가장 크고 또 가슴 아픈 감사는 구술자 한 분한 분께 드리고자 합니다. 이 책이 발간될 수 있었던 것은, 무엇보다 용기를 내어 아픔과 고통의 기억을 다시 떠올리고 장시간 진심으로 이야기를 해주신 구술자가 있었기 때문입니다. 오랜 시간 이야기를 나누며 함께 공감하기도 했지만, 그 아픔과 고통을 어떻게 가늠할 수 있을까 싶습니다. 더 큰 도움이 되지 못함을 안타까워하며, 이 구술증언록 100권의 발간이 피해자분들에게 조금이라도 위로가 될 수 있기를 기원합니다.

2019년 4월

4·16기억저장소 구술팀 책임자
서울대학교 인류학과 교수 이현정

차례

중근 아빠 안영진

구술자 안영진은 단원고 2학년 7반 고 안중근의 아빠다. 성실하고 차분했던 중근이는 아빠에게는 누구보다도 귀한 존재였다. 아빠는 중근이가 할머니, 할아버지 밑에서 어린 시절을 보낸 것이 못내 미안했고, 재혼 후 행복한 시간을 누린 지 채 2년도 못 되어 중근이를 하늘로 보낸 것이 너무나도 가슴 아프고 억울하다. 아빠는 진도에서 '미수습자 가족대표로서 아이들을 찾는 데 최선을 다했고, 안산에 올라와 직장에 복귀한 뒤에도 불구하고 틈나는 대로 진상 규명을 위한 투쟁에 참여해 왔다.

안영진의 구술 면담은 2019년 3월 15일, 23일, 29일, 3회에 걸쳐 총 4시간 30분 동안 진행되었다. 면담자는 김아람, 촬영자는 강재성이었다.

구술자 본인의 프라이버시나 제3자의 프라이버시를 보호해야 할 부분을 제외하고는 구술자의 발화를 있는 그대로 전사했다.

1회차

2019년 3월 15일

시작 인사말

면담자   본 구술증언은 4·16 사건에 대한 참여자들의 경험과 기억을 기록으로 남김으로써 이후 진상 규명 및 역사 기술에 기여하고자 합니다. 지금부터 안영진 씨의 증언을 시작하겠습니다. 오늘은 2019년 3월 15일이며, 장소는 안산시 4·16기억교실 교육장입니다. 면담자는 김아람이며, 촬영자는 강재성입니다.

구술 동기 및 최근의 근황

면담자   오늘은 4·16 이전에 아버님께서 살아오신 이야기를 듣고자 합니다. 우선 이 증언에 응하시게 된 특별한 계기가 있으신가요? 아니면 누구의 어떤 부탁으로 오셨는지?

중근 아빠   특별한 계기는 없었고요. 다른 부모님의 권유로 일단 하게 됐습니다. 그래서 많이 망설이기도 했죠, 어떻게 얘기를 해야 될지 이게 걱정이 돼서.

면담자   어떤 점이 망설여지시던가요?

중근 아빠   길게 얘기한다는 것도 있겠지만 제가 어떻게 얘기를 꺼내놓아야 될지를 잘 모르겠어서, 어디서부터 어떻게 얘기를 가야 될지 그런 게 제일 컸고요. 아이의 성장과정을 제가 다 기억을 못 하고, 제가 애를 제대로 돌보지 못한 내용들이 많아서, 애한테 미안한 게 있어서 그거를 다 얘기할 수 있을까 그런 게 걱정이 됐어요.

면담자   기억하고 싶지 않으시거나 말하는 거 자체가 어렵거나 그런 건 괜찮으신가요?

중근 아빠   얘기하기가 힘들고 저기 한 거는…, 아이 출생할 때가 제일 힘들죠? 출생해서 몇 년 동안이 제일 힘들었죠. 왜냐면 아이가 [19]97년생인데 칠삭둥이에요, 그래서 그때가 제일 힘들었던 시절이어서. 왜 그러냐면 애기 엄마가 갑자기 몸이 아프게 돼서 7개월 만에 수술해서 낳고, 아이는 미숙아 상태였고 애기 엄마는 암 투병을 해야 되는 상황이었기 때문에 그때가 제일 많이 아팠죠.

면담자   중근이가 지금 형제로 몇 번째?

중근 아빠   저는 형제 둘, 남자애 둘이었고요. 어차피 가족 사항을 다 얘기할 수밖에 없는데 지금은 재혼한 가정에서 지금 재혼한 와이프는 딸 하나, 저는 아들 둘 이렇게 해서 총 다섯 명이었죠? 사고 나기 직전까지는.

면담자   이 기록은 책으로 발간될 예정입니다. 중근이 이야기가 다른 사람들한테 어떻게 와닿았으면 좋겠는지 생각해 보신 적 있으세요?

중근 아빠   글쎄요, 그렇게까지는 안 해봤고[요]. 지가 하고 싶은 거 다 못 하고 지금 떠난 상태고 살아 있었으면 자기가 하고 싶은 거 다른 어떤 활동들을 많이 하지 않았을까 하는 생각을 지금도 하거든요? 많은 시간이 지났지만 그런 측면으로 얘기를 해주면, 제 얘기를 글로 듣든 아니면 음성으로 듣든 저기 하는 분들이 그런 거에 대해서 참고를 하지 않을까 그렇게 생각은 들기는 해요.

면담자   두산 팬들이 그 얘기를 많이 기억하고 그러더라고요. 중근이가 두산 팬이기도 했고 유니폼도 아버님이 걸어놓으신 사진들도 있고.

중근 아빠   유니폼은 사연이 많아요. 중학교 시절에 지가 갑자기 야구를 하겠다고 하더라고요? 한창 하는 중에 저한테 얘기를 했어요.

면담자   야구부 같은 데에서?

중근 아빠   야구부는 없었고 지들 친구들끼리 그걸 하면서 야구선수를 했으면 좋겠다고 그러더라고요. 근데 시기가 너무 늦었다는 생각도 들고, 그것도 있고 어깨를 아프다고 해서 늦은 감도 있고 [해서] "어깨 아프니까 치료를 하고 그냥 정상적으로 생활하면서 야구는 그냥 사회 일반 취미 활동으로 했으면 좋겠다" 그렇게 얘기를 했던 거거든요. 그래서 지 하고 싶은 꿈을 못 하게 막았죠, 막았던 저기고. 그 당시에 제가 회사가 두산으로 바뀌었어요. 그래서 바뀌면서 애 데리고 야구장 가고 그러다 보니까 지가 더 하고 싶었던 이런 게 있었던 거예요.

면담자   두산 팬이 된 건 아버님 때문이네요, 그러면?

중근 아빠   그렇게 된 거죠. 제가 회사가 두산으로 저기 하면서 야구장 데려가고 야구 얘기해 주고 그러다 보니까, 지가 더 하고 싶었던 저긴데 그거를 못 하게 막았던 거예요. 그랬다가 참사 이후로 진도에 있으면서 야구 유니폼을, 그래도 지가 꿈이었으니까 해줘야 되겠다 해서, 회사에다가 얘기해서 회사에서 받은 거거든요.

면담자 　　　　특별히 제작을 그렇게 했던 셈이네요? (중근 아빠 : 예, 예) 중근이 출석 번호로 21번?

중근 아빠 　　　　예, 출석 번호로 21번 해서 저는 유니폼 그냥 윗도리 만 그냥 해서 받았으면 좋겠다고 회사에다 얘기를 했는데, 지가 원래 야구하면서 포수를 했거든요? 그래 갖고 장비 일체를 다 해준 거예요, 마스크 이런 거, 그런 거까지. 회사에는 감사하죠, 저는 제가 요청한 거보다 더 많이 해줘서.

면담자 　　　　아버님 회사는 어디 계열사인가요?

중근 아빠 　　　　계열사는 정보통신이에요. 정보통신인데 저희가 최근에 회사 이름이 바뀌었어요. 전에는 '(주)두산정보통신'에서 지금은 두산의 '디지털이노베이션'이라고 회사 이름은 바뀌었어요. 대부분 그냥 (주)두산정보통신이라고 하면 되죠.

면담자 　　　　회사를 언제 입사하셨어요?

중근 아빠 　　　　저는 몇 년도지, 2007년도에 두산으로 회사가 바뀌었죠.

면담자 　　　　원래 다니던 회사를 두산이 인수하게 된 건가요?

중근 아빠 　　　　기존에 있던 회사는 대우정보시스템에 있었고요. 거기서 있던 저희 조직 일부만, 한 부서만 두산으로 넘어갔어요, 어차피 M&A[기업의 인수와 합병]를 해서 넘어간 거라.

면담자   직장 근무처는 어디셨어요?

중근 아빠   당시에 회사, 제가 옮기기 전에 인천에 있었죠. 지금
회사 이름이 인프라코어, 그게 2005년도에 바뀌었고요. 그 당시에
계속 인천에 근무를 했었고, 2007년까지 근무를 하다가 2008년부터
는 수지 쪽으로 옮겨 가서 근무하고 있죠.

면담자   안산에 거주하신 지가 꽤 오래되셨던 거 같아요.

중근 아빠   예. 지금 여기가 안산이고 바로 안산 경계 넘어가면
경기도 시흥시잖아요? 시흥시 거모동이라고 있어요, 거기가 태어난
지역이에요. 그래서 여기 안산이 어차피 생활권이니까….

면담자   고등학교까지 시흥에서 다니신 거예요?

중근 아빠   아니요. 저는 초등학교, 중학교는 군자초등학교하고
군자중학교, [시흥시] 거모동에 있는 거기 다녔고요, 고등학교는 저쪽
안양으로 다녔어요.

면담자   본가에서 나오신 거예요?

중근 아빠   그 당시에는 유학이라고 했죠.

면담자   기숙사 들어가셨던 건가요?

중근 아빠   아니요, 집에서 통학했어요. 아침에는 1시간 반, 저녁
에는 2시간 이렇게 가죠[걸리죠].

면담자   비평준화 때 시험 봐서 가신 거였나요?

중근 아빠   네, 비평준화죠.

면담자   평촌고인가요?

중근 아빠   아니요, 평촌고는 그 당시에 없었어요. 저 다닐 때는 없었어요. 어차피 학교는 고등학교 때만 그리로 안양으로 다녔고, 대학교는 여기 에리카[한양대학교 에리카캠퍼스]였고요. 그러니까 고등학교를 멀리 가서 대학교도 멀리 가기가 쉽지가 않더라고요.

면담자   전공은 공학 쪽 하셨던 거예요?

중근 아빠   아니요, IT 전산 쪽이었어요.

면담자   여기서 오래 사셨네요.

중근 아빠   태어나서부터 살고 있으니까요.

면담자   다 근방에서 왔다 갔다 하셨던 거였어요?

중근 아빠   주생활은 거모동에서 했었구요. 중간에 결혼해서 인천에서 잠깐 살 때도 있었고, 그러고 나서는 대부분 안산에서 거주하고 있는 거죠.

면담자   중근이가 동생이 있던가요?

중근 아빠   동생은 없어요, 형하고 누나죠.

면담자   중근이가 태어났을 때 바로 인큐베이터에 들어가게 되었던 거죠?

중근 아빠   그렇죠, 태어나자마자 바로 인큐베이터 들어간 거죠. 인큐베이터에 그때 한 2, 3개월 있었을 거예요.

면담자   걱정 많이 하셨겠네요?

중근 아빠   어떡하겠어요.

면담자   원래 중근이 친어머니는 몸이 약하셨던 거였어요? 언제부터 아프셨는지?

중근 아빠   중근이 임신하고 한 4개월, 5개월 됐을 때부터 약간 몸이 안 좋다고 그러면서 되게 힘들어하더라고요? 그래서 항상 다니던 산부인과 진료하고 저기 했을 때 괜찮다고 했는데, 나중에는 큰 병원 가서 확인해 봐야 되겠다고 해서 병원 가자마자 그렇게 된 거죠.

면담자   가자마자 바로 수술해서 중근이가 태어날 수밖에 없었던 건가요?

중근 아빠   네.

면담자   중근이 형은 달 채워서 태어났어요?

중근 아빠   네. 그니까 큰아들 임신했을 때 임신하고 무거운 몸으로도 일명 날아다니고 그랬었는데….

면담자   건강하셔서? (중근 아빠 : 예) 일을 혹시 하셨나요?

중근 아빠   일했죠.

면담자   아버님은 최근에는 어떻게 지내고 계신지?

중근 아빠   근래에는 다른 저기는, 생활은 크게 없어요. 저는 집에서 회사, 애기 엄마는 가게 들렀다가 운동했다가 집에 들어오고, 보통 요렇게 계속 돌아요. 저는 계속 돌고 애기 엄마는 가게에서 하루 종일 있고.

면담자   어머님은 무슨 일하세요?

중근 아빠   저기 본죽을 해요, 아침 9시부터 저녁 9시까지요.

면담자   아침 되게 일찍 오픈을 하네요. 오픈 준비를 하셔야
되니까?

중근 아빠   예, 영업이 9시부터. (면담자 : 빨리 여네요.) 글쎄, 다른
데는 모르겠어요. 보통 그 정도해서 다 문 열더라고요, 가게에 계속
있고.

면담자   중근이 누나랑 형은 벌써 이십 대 중반인가요?

중근 아빠   중반, 스물다섯이죠.

면담자   누나가 나이가 더 많나요, 형이 더 많나요?

중근 아빠   저기 뭐야 출생 연도는 같고 생일만 형이 빠르죠.

면담자   오빠라고 하나요?

중근 아빠   할 때 있고 안 할 때 있고 그래요. 그냥 마음 내키면
하고 마음 안 내키면 안 하고 그래요.

면담자   부모님도 다 시흥에서 원래 살고 계셨던 거예요? 지금
도 혹시 살아 계세요?

중근 아빠   예, 지금도 계세요, 거모동에. 거모동에 거기서 아버
님은 지금 사시는 그 동네가 출생지시고.

면담자   혹시 집성촌인가요?

중근 아빠   그렇죠. 어머니도 여기가 고향이세요. 지금은 공단으로 바뀌었지만.

면담자   반월인가요?

중근 아빠   네. 반월공단 그 안쪽에가, 어머니는 거기가 고향이세요.

3
참사 이전까지의 가정사

면담자   오늘은 참사 이전의 삶에 대해서 먼저 여쭈어볼 건데요, 중근이 친어머니는 암 발병 후에 암 때문에 돌아가셨나요?

중근 아빠   예. 중근이가 97년 9월에 태어났고 중근이 돌 지나고 나서 98년 12월에 세상 떠났죠. 안팎으로 제일 힘들 때였죠, 그 당시가, 97년, 98년 그때가.

면담자   그러면 중근이 갓난아기일 때 양육은 누가 하셨어요?

중근 아빠   양육은 그 당시 건강이 좋지는 않았지만 중근이 할머니, 그리고 처음에 병원에 있다가 나왔을 때는 다른 분한테 일명 보모님한테 맡기고, 그렇게 봐주시고 그랬었죠.

면담자   어머니는 치료를 받으셔야 하고.

중근 아빠   예, 병원에 있어야 되니까. 몇 개월, 그 당시 몇 개월 입원해 있다가 퇴원해서 있다가 다시 정기적으로 병원가고…. 그러니까 그거를 잘 모르겠던 게, 병이 어떻게 그렇게 생겼는지를 모르겠다는, 되게 건강했거든요.

면담자   중근이 형이랑 중근이랑 몇 살 터울이에요?

중근 아빠   2살 터울이요.

면담자   그럼 첫째도 애기가 어린데?

중근 아빠   그러니까 저는 어차피 직장을 가야 되고 병원도 다녀야 되고 그랬을 때 저희 친가 부모님이 많이 고생하셨죠.

면담자   그 무렵에 아이들이 더디게 큰다고 생각하지 않으셨어요?

중근 아빠   글쎄, 그런 생각은 없었어요. 그런 생각은 없는데, 힘들게 크니까 제대로 돌봐주지 못하고, 할아버지, 할머니가 도와주시는 것도 저거지만 부모 손에 커야 되는데 그렇지 못해서…. 저는 저 나름대로 어차피 사회생활 해야 되고, 그래서 그런 게 있었죠.

면담자   아이들 클 때 기억나는 장면 있으세요?

중근 아빠   글쎄요. 그때 기억이 많이 없어요, 어렸을 때 기억이.

〈비공개〉

면담자   아이들은 그냥 할머니가 키우셨어요? 아니면 아버님이 돌보셨어요?

중근 아빠   어차피 부모님하고 같이 생활을 했으니까.

면담자	아버님이 일하시면 조부모님이 돌봐주시고?
중근 아빠	그렇죠. 제가 아이들 키우는 양육이라든가 학교생활 이런 것들은 저는 진짜 거의 못 했다고 봐야….
면담자	중근이를 어떤 아들로 키우고 싶으셨어요?
중근 아빠	글쎄요. 크게 저기 한 건 없고, 이름을 그렇게 지어서 받았잖아요. 그래서 그냥 이름에 걸맞은 생활을 하면서 자기 본분만 지켜주면 된다고 그렇게 얘기를 했던 거거든요.
면담자	중근이 형은 이름이?
중근 아빠	○○이요.
면담자	이름을 집안에서 지어주신 건가요?
중근 아빠	중근이 할아버님이 지어주신 건데 돌림자가 근자 돌림이었어요. 그래 가지고 저도 그 이름을 지어줘야 되나 말아야 되나 상당히 고민 많았거든요. 나중에 지 커가면서 이런저런 놀림도 많이 받을 거 같고, 그래서 그 이름 지어줄 때 다 뜻이 있었고 저기 하니까 개명해 달라는 얘기도 있었지만….
면담자	중근이가요?
중근 아빠	중근이요.
면담자	학교 다닐 때요?
중근 아빠	그렇죠.

면담자　　　　몇 살 때?

증근 아빠　　　보통 초등학교 때 얘기가 제일 많죠. 그래서 그때 이후로 그런 얘기가 있어서, "다 너한테 걸맞은 이름을 다 지어준 거니까 너무 친구들이 놀리고 저기 하는 거는 그냥 그때뿐이고 지나가면 된다"고, 그래서 개명도 안 해줬고요.

면담자　　　　후회가 드시나요?

증근 아빠　　　글쎄요, 개명은 후회되지 않아요. 개명은 후회되지 않고 지가 하고 싶은 운동이며 다른 거, 그런 거에 대해서 제가 막았다는 거는 저기[후회] 하죠.

면담자　　　　초등학교 때부터 뚜렷하게 뭘 하고 싶다거나 그런 건 없었는데, 야구를 가장 하고 싶어 한 건가요?

증근 아빠　　　예. 초등학교 때에는 대부분 저기 태권도 이런 거 운동하고 친구들끼리 따로 놀고 그런 생활도 많이 했으니까 저기 한데, 중학교 들어와서 갑자기 야구선수로 가고 싶다고 그때 얘기해서 그거는 제가 말렸어요.

면담자　　　　그때부터 어깨가 아팠나요?

증근 아빠　　　아니요, 운동하면서. 하면서 운동을 잘못해서 어깨 근육을 다친 거죠.

면담자　　　　야구는 팔을 많이 쓰죠.

증근 아빠　　　예. 그래서 당시 고등학교 2학년, 그 당시에도 한의원

가서 치료 계속 받고 있었던 상태예요.

면담자 　　중학교 때 아팠던 게 그때도 계속 있었던 거예요?

중근 아빠 　　중간중간 지가 하고 싶으니까 친구들하고 야구한다고 운동하면서 그렇게 된 거죠.

면담자 　　그냥 친구들끼리?

중근 아빠 　　친구들끼리 어울리면서 그걸 하고 시작을 한 거죠.

면담자 　　선수를 반대한 건 실력 때문인가요? 아니면 건강 때문인가요?

중근 아빠 　　아니, 하는 거를 보고 실력이 낮다, 저는 그런 거는 기회는 없었고, 제가 그거를 판단할 수 있는 저기가 아니고, 아무튼 시기라든가 건강상태 이런 거 보고서, 어차피 체격도 있고 덩치도 좋아요, 근데 그때는 아니다 싶어서 말렸던 거예요.

면담자 　　중근이 형은 특별하게 뭘 하고 싶다거나 운동하겠다 하지는 않았어요?

중근 아빠 　　형은 고등학교 때 운동은 농구를 많이 했어요. 둘 다 초등학교 어렸을 때는 태권도를 시켰고 지들 나름대로 구기 종목은 많이 했고 그런 것들은 부모덕을 본 거 같아요.

면담자 　　아버님은?

중근 아빠 　　저도 운동하는 거 되게 좋아해요. 애들 생모도 체력이라든가 이런 거 상당히 좋았으니까.

면담자   정말 건강하셨던 거였네요.

중근 아빠   그렇죠. 그런데 갑자기 일명 암 판정을 받았으니까 그럴 거라고 전혀 생각도 못 했었죠.

면담자   아이들은 사춘기 되면 반발을 하거나 그러는데 어떠셨어요?

중근 아빠   그런 사건도 있었죠.

면담자   형하고 동생 중에는 누가 더 심했나요?

중근 아빠   드러나고 저기 한 거는 중근이가 저기 했고.

면담자   둘 성격 중에 누가 더 와일드했나요?

중근 아빠   근데 둘의 성격은 큰애는 거의 엄마 성격, 중근이는 제 성격을 많이 닮은 거 같아요.

면담자   그렇게 얘기하시면 제가 아버님 성격이 어떠신지 알 수가 없는데(웃음).

중근 아빠   차분하고 소심하고 그런 성격은 제가 그렇거든요? 근데 중근이가 그 성격이었어요.

면담자   형은 오히려 밝았나요?

중근 아빠   예, 오히려 낙관적이었죠.

〈비공개〉

면담자   혹시 아버님이 아이들 때문에 학교에 가셔야 되거나 그런 일이 있지는 않으셨어요?

중근 아빠   학교생활 잘못해서 일명 '학부모님 오세요' 이런 얘기는 들어본 적은 없어요. 그래도 지들이 생활을 잘해줘서 다 했죠.

면담자   할아버지, 할머니가 가셨던 거 아닐까요? (중근 아빠 : 아니에요, 그런 건 없어요.) 아이들이 그렇게까지 속 썩이고 그랬던 거는 없는 거네요?

중근 아빠   일단 유아 시절에는 부모님하고 일명 보모 되시는 분들도 있었고, 유치원은 바로 집 앞에 유치원이 있거든요? 거기는 유치원 원장님이라든가 선생님 어차피 다 아시는 분들이어서 걱정 없이 유치원 보냈고, 초등학교도 유치원 가는 거리 그거보다 조금 더 가면 초등학교가 있으니까.

면담자   크고 나서는 ○○이가 중근이 데리고 학교 가고 할 수 있었겠네요. 둘이 싸우지는 않았어요?

중근 아빠   둘이 많이 싸웠다고 해요.

면담자   할아버지, 할머니하고 있다 보니까 너무 애들을 할아버지, 할머니가 귀여워만 하시는 거 아닌가 하는 걱정은 하시지 않으셨어요?

중근 아빠   그런 거는 없었어요.

면담자   정말 믿고 일을 하셨겠네요.

중근 아빠   그렇죠.

면담자   지금 중근이 어머니는 어떻게 만나시게 되었나요?

중근 아빠   그때가 2010년도일 거예요. 2010년도 사촌 동생이 당시에 애기 엄마하고 사촌 동생하고 치과에 같이 근무를 했었거든요? 그 당시에는? 사촌 동생이 한번 소개시켜 주겠다고 해서 날짜를 잡아놓은 상태였어요. 잡아놓은 상태였는데 11월 10일 날 딸 생일날 사촌 동생이 갑자기 전화 온 거예요 저녁에, 나 퇴근해서 집에서 쉬고 있는데. "오빠, 나 술 너무 많이 마셔갖고 힘드니까 나 집에 좀 데려다 달라"고 전화가 온 거예요, 갑자기. 생전 그런 적이 없는 애가 그래 가지고 거기 자리를 갔어요. 갔는데 딸은 같이 먹고 들어가고, 같이 근무하는 직원 세 명이서, 사촌 동생 포함해서 아내하고 같은 직원 한 명하고 셋이서 저를 시험을 한 거야.

면담자   소개팅하기 전에 굳이 그러셨네요.

중근 아빠   그러니까.

면담자   가셨어요? 사촌 동생 분은 취하시긴 취했고?

중근 아빠   아니죠. 취했어도 동생 집이 거기서 그 장소에서 집까지 직선거리로 100미터밖에 안 되는 데 있었어요. 저는 처음 그런 전화를 받아봤고 뜻밖이었으니까, 저녁에 집에 있다가 거기 간 거죠.

면담자   그때 어머니 계실 거라고 생각하셨어요?

중근 아빠   몰랐죠.

면담자   그냥 다른 사람들하고 있다고 생각하셨던 거예요?

중근 아빠   누구랑 있는지 그런 생각도 안 했고 단지 지가 [술이] 저기 해서 집에 데려다 달라고 연락이 와서 간 건데 그 후에 소개시켜 줄 사람이 있다는 거 거기 가서 알았고, 그냥 단지 오니, 안 오니, 어떻게 오니 이런 걸 시험하려고 저를 불러낸 거예요.

면담자　　　처음 보셨을 때 느낌은 어떠셨어요?

중근 아빠　　처음 봤을 때 느낌, 그거보다 가서 제가 완전 시험에 당해서 나왔다는 그게 더 황당했었어서.

면담자　　　자연스럽게 대화가 오가고 그랬던 건 아니셨어요?

중근 아빠　　그런 것도 있긴 있었죠. 그날은 그 자리에 간 게 9시, 한 10시? 그사이에 가서 얘기하고 저도 술 한잔 더 하고 놀고 새벽에 들어갔으니까.

면담자　　　세 분 계셨다고 했는데, 나머지 분도 알고 계셨던 건가요?

중근 아빠　　얘기했던 걸로 알아요.

면담자　　　처음에 딱 보고 만날 사람이란 걸 아셨어요?

중근 아빠　　동생이 얘기해 줘서 아는 거죠.

면담자　　　그다음은 약속된 날짜에 만나신 건가요?

중근 아빠　　약속된 날짜는 굳이 갈 이유가 없었던 거죠.

면담자　　　그때부터 만나게 되신 거예요? 어떠셨나요? 아버님이 적극적으로 하셨는지?

중근 아빠　　제가 적극적으로 갔죠.

면담자　　　그때 어머님은 댁이 어디셨어요?

중근 아빠　　지금 살고 있는, 저희 지금 현재 같이 살고 있는 집 근처였거든요.

면담자　　　그러면 다 거의 약간 비슷한 그 동네에 다 살던 분이셨네요. 근데 어디 전에 보시거나 하셨던 건 아니었고요?

중근 아빠　　처음 그때 만났죠.

면담자　　　이렇게 가까이 있었으면 어디선가는 만나지 않았을까 하는 생각을 하시지 않으셨어요?

중근 아빠　　그렇지는 않았을 거예요, 부딪힐 일이 거의 없었거든요. 저는 집이 거모동, 사무실은 인천이니까 반대로, 평상시 반대로 다니니까 이쪽으로 나올 일이 거의 없는 거죠.

면담자　　　어머님 근무하시는 병원은 시내 쪽이었던 건가요?

중근 아빠　　시내 아니고 그쪽, 와동 쪽이었으니까. 시내였다고 하더라도 근무는 평일 날만 하잖아요? 근데 밖에 나와서 마주칠 일이 평일 밤이나 주말인데 저도 주말에는 많이 안 나오니까 그럴 일은 별로….

면담자　　　결혼하실 때까지도 병원에서 근무를 계속하셨던 거예요?

중근 아빠　　예, 결혼해서 중근이 사고 날 때까지 병원에 계속 근무를 하고 있었죠.

면담자   결혼하신다고 할 때 아이들 생각은 어땠어요?

중근 아빠   그때 만나서 시기 지나고 하면서, 중간에 제가 병원 입원하고 하면서 그게 계기가 돼서 약간 동거생활을 했어요. 그러면서 아이들 생각을 다독인 거죠.

면담자   아버님이 며칠 입원을 하셨던 거네요. (중근 아빠 : 예) 결혼은 전이셨는데 어머니가 아이들 돌보시고 그렇게 하셨던 거네요?

중근 아빠   그 당시에 아이들은 어차피 본가에 있었고, 지금 아내 집에 딸 있었고, 제가 아프고 병원 있고 저기 하다가, 병원 퇴원하고서는 제가 어차피 병원 치료 후에 몸조리해야 되잖아요? 어머니는 본인이 "못 해준다", 그렇게 해서 당시에 동거생활을 한 거죠.

면담자   애들은 아빠를 보러 왔다 갔다 하고 그랬었겠네요?

중근 아빠   동거생활 하면서 저보다도 애기 엄마가 애들 많이 챙겨주고 그랬죠.

면담자   아버님이 결혼을 결심하시게 되는 것도 어떻게 보면 병원하고 퇴원한 그게 계기가 되셨을 수도 있는 거네요?

중근 아빠   그런 것도 있고요. 만나서 계속 저기 하고 그러면서 제가 같이 살아야 되겠다고 계속 제가 따라다녔죠.

면담자   어머니는 망설이셨어요?

중근 아빠   별로였다 그러더라고요.

면담자   뭐가 결혼의 결정적인 계기가 되셨다고 보세요, 아버님?

중근 아빠   글쎄요. 제 어차피 생활하는 거 다 알려줬고, 그다음에 본인이 근무지 치과 병원 여기 있다가 그다음에 목동도 갔다가 그다음에 마지막에 근무한 데가 시화였고요. 항상 본인한테 제가 전화하고 "만나자" 아니면 "데리러 간다", "데리러 가서 집에 데려다준다", 그 얘기 많이 했거든요. 특히 어떤 때였냐면 목동에 있잖아요, 회식이 있고 늦을 거 같으면 꼭 제가 전화를 했대요, 가는 거예요. 가서 회식 끝나고 나오면 집에 데려다주고, 회식이 아니더라도 제가 전화해서 목동 가서 집에 태워다 주고 그런 게 많았죠.

면담자   중근이 누나랑 오빠는 서로 뭔가 데면데면하지 않았어요, 처음에는?

중근 아빠   처음에는 서먹한 게 있었는데 그렇다고 싸울 저기도 없었고, 그래도 같은 나이니까 그래도 잘 지내더라고요.

면담자   학교는 같은 데를 다녔어요?

중근 아빠   아니, 학교 틀리죠[다르죠].

면담자   결혼하고서는 본가에서 아예 나오신 거예요?

중근 아빠   동거하면서는 그 당시에는 어차피 아이들하고는 떨어져, ○○이하고 중근이는 떨어져 있었고 결혼을 제가 12년도에 했지만 그때도 바로 합치지는 못했어요. (면담자 : 식은 하셨어요?) 네. 제가 그 당시 11년도 말부터 12년도까지 거의 1년 넘게 해외 출장을 계속 다니고 그래서, 그런 시기였거든요. 그런 시기에 애기 엄마가 아이들 잘 다독거리고 저기 해서 아이들도 잘 따라줬고, 12년도에는 바로 합치지 못하고 13년도에 합쳤어요. 13년도에 합친 게 뭐냐면 12년도에는 중근이가 중3이었거든요. 그때는 바로 학교 옮기고 저기 할 상황이 안 돼서 고등학교 입시 끝나는 시점에, 끝나고 나서 고등학교 입학하고 나면 옮기자 해서 13년도에 이제 합친 거죠.

면담자   중근이가 고등학교 들어가고 난 뒤에 합친 거군요.

중근 아빠   예, 그렇죠. 중학교까지는 본가에서 다니면서 저기 중학교 졸업을 하고, 단원고는 입학을 해서, 그해에 13년도에 입학했으니까 그때는 같이 합친 거죠.

면담자   새집은 어디에다가 얻으셨어요?

중근 아빠   집은 그 당시에 어디였었냐면 열녀문사거리, 열녀문사거리 있는 데에 거기다 집을 얻어서 애들하고 다 합쳐서 살게 된 거죠.

면담자   새로우셨을 거 같아요.

중근 아빠   그렇죠. 그 당시에 아들은 본가에 따로 떨어져 있다가 저하고 애기 엄마하고 딸 이렇게 셋이 있을 때는 되게 조용했잖아요, 서로들? 서로들 조용했는데 우리 다섯 식구가 모이니까 얼마나 시끌벅적해요. 많은 시간 중에서 그때가 한 1년 2개월, 3개월 정도 될까요? 1년 반까지는 아니고 1년은 넘고 그 시기가 제일 그래도 좋았던 거 같아요. 저나 애기 엄마나 애들이나 어차피 약간 흠집 있는 가정생활을 하다가 합쳐서 단란하게 살려고 했다가, 얼마 안 돼서 저기 하니까, 그 시간이 제일 소중했던 시간이고 그렇게 가는 거죠.

면담자   재밌는 기억나는 일화들이나 이런 거 있으세요? 외식하거나 놀러 가셨다거나.

중근 아빠   다섯 명이 외식 나가면 저희는 먹는 거에 대해서는 그렇게 제약을 두거나 못 먹게 하거나 그렇지는 않았어요. 아이들은 먹고 싶으면 거의 그래도 풍성하게 먹었어요.

면담자   아이들끼리 입맛이 잘 안 맞거나 그런 건 없었어요?

중근 아빠   글쎄, 제 기억으로는 별로 없었던 거 같아요. 지들끼리 먹고 싶으면 지들끼리 사 먹고, 저희 부모하고 따로 먹든지 아니면 저 빼고 나머지 네 식구들이 먹든지, 아니면 다섯 명 다 같이 가든지.

면담자   할머니, 할아버지가 서운해하시거나 그런 건 없으셨어요?

중근 아빠   부모님이야 다 서운해하시죠. 자기들이, 본인들이 갓난쟁이였을 때부터 돌보시고 계시다가 저기 했지만, 자식하고 손주들이 어차피 새로운 가정 저기 해서 하니까 그렇게 좋아하시는 저기도 있고.

면담자   아버님 결혼하신다고 할 때 되게 좋아하셨을 거 같아요.

중근 아빠   식구들이 다들 결혼해서 새로운 가정 꾸리고 저기 하면서 새로운 여자, 지금 아내를 다들 좋아해요.

면담자   좋아하는 이유가 뭐라고 생각하세요?

중근 아빠 　모르겠어요. 원체 잘하고, 잘하고 사교성도 많고 그런 면으로는 참 성격 타고난 것 같아요. 아무튼 애들이 잘 따라요.

면담자 　인사드릴 때 혹시 기억나세요?

중근 아빠 　집에 인사시키고 저기 한 거는 저 퇴원한, 병원에 있다가 퇴원한 날 그때가 처음이었어요. 그 전에 따로 저기 하고[한 건] 크게 없어요. 병원에서, 병원에서 본 게 그때가 처음이고, 집에 퇴원해서 갔을 때 그게.

면담자 　딸아이는 불편해 하거나 하지는 않았어요?

중근 아빠 　그땐 서로 불편했죠. 그때가 딸[이] 중학교 때였죠, 사춘기. 초등학교 사춘기도 있지만 그 당시에도 사춘기 있으니까.

면담자 　셋 중에 ○○이가 제일 활달한가요?

중근 아빠 　예, ○○이가 그나마 제일. 그다음에, 그다음에 딸?

면담자 　중근이는 제일 차분한가 봐요.

중근 아빠 　제가 볼 때는 그랬는데 나가서 친구들하고 놀고 저기 하는 거 보면 그렇지 않더라고요, 얘기 들어보면.

면담자 　참사 후에 중근이가 친구들 사이에서 어땠는지 나중에 듣게 되신 건가요?

중근 아빠 　그건 나중에 들었죠.

면담자 　여행도 다 같이 가신 적 있으세요?

중근 아빠   다섯 명이서 다 같이 간 적은 없어요. 다섯 명이서 다 같이 간 적 없고, 지금 결혼 전에 아이들 데리고 근교 안산, 서울 이런 데는 거의 한두 달에 한 번 정도는 다녔었고요.

면담자   아버님이 아이들 둘 데리고?

중근 아빠   예, 주말에. 제가 평상시에 못 하니까 주말에 그런 시간을 많이 할애를 하는 편이었고, ○○이 하고 중근이 데리고 제일 멀리 간 게 경주, 경주 갔다 오고, 딸이 못 가고 넷이 갔다 온 거는 교제 중일 때, 교제 중일 때 가평인가? 그땐 비가 많이 와서 밖에 이렇게 많이 다니지는 못하고 그렇게 갔다 온 거. 다섯 명이서 같이 간 적은 없어요, 진짜 없네.

면담자   어머니는 결혼하시면서 병원 일은 그만하시고 전업주부를 하신 건가요?

중근 아빠   참사 났을 당시에도 14년도에도 병원에 근무를 했고요. 16년 3월, 16년 3월 그때 그만두고, 힘들다고 쉬어야 되겠다고 해서 그때 그만뒀고. 한 6개월, 6개월 쉬었네요. 실제 쉰 거는 6개월, 6개월 다 못 쉰 거죠. 중간에 [가게] 준비하고 저기 하면서 그랬던 것도 있고 그래서, 그해 가을에 가게 오픈한 거예요.

면담자   참사 전에 아버님은 정치문제나 사회문제에 관심이 있으셨는지?

중근 아빠   저는 사회문제는 그렇게 크게 관심을 두고 깊게 한 적은 없었고, 경제 쪽은 계속 관심을 두고 그렇게 생활을 했었고요. 어차피 다섯 식구 생활하려 그러면 [돈 들어가는 게] 많고, 애들이 성장하는 저기도 있고, 중학교, 고등학교 때는 학비가 덜 들어가지만 어차피 대학교 가야 되고 졸업하고 저기 하려 그러면, 그런 것들 생각을 해줘야 돼서 그런 쪽으로 더 많이….

면담자　　중고등학교 때 학원비 이런 것들이 부담스럽거나 그러진 않으셨어요?

중근 아빠　　학원은 글쎄요, 학원은 크게 부담됐던 거는 아닌 거 같아요.

면담자　　세 명 대학 보낸다고 생각하고 마음의 준비를 하셨던 건가요?

중근 아빠　　근데 자랑은 아니지만 학비는 어차피 지원받을 수 있으니까 그래도 그나마 좀 낫고.

면담자　　회사에서 세 명까지 다 되는 거였어요?

중근 아빠　　네. 그래서 그런 것들은 다른 가족 부모님보다는 나았었죠.

면담자　　집을 새로 얻으실 때 방이 최소한 세 개는 있어야 되는 거였죠?

중근 아빠　　그니까 식구 다섯이서 살 집을 얻을 때 어차피 방은 세 개예요. 방은 세 갠데 ○○이하고 중근이가 쓰는 방이 저희들이 다른 데로 이렇게 봤던 방보다 한 한 배 반 정도는 더 돼서 공간이, 그 방이 하나가 공간이 되게 컸어요.

면담자   안방이 아닌데도 방이 큰 거예요?

중근 아빠   예, 그래서 그쪽 집을 얻게 된 거죠.

면담자   그것도 집을 결정하시는 데 작용했나요? (중근 아빠 :
그렇죠) 아파트인가요?

중근 아빠   아니요, 그냥 빌라.

면담자   아이들 반응은 어땠나요? 좋아하던가요?

중근 아빠   좋죠, 훨씬. 할아버지, 할머니가 못 해주는 거 해주는
것도 많고, 오랜만에 그동안 같이 없던 가족들 다 같이 사니까.

면담자   바로 엄마라 부르던가요? (중근 아빠 : 예, 나중에는) 딸
아이도?

중근 아빠   예, 그렇게 하기로 했고.

면담자   딸아이 친부는 돌아가셨나요?

중근 아빠   아니에요.

면담자   어색했을 거 같은데 어떤가요?

중근 아빠   그러니까 어색했는데 저는 딸을 키워본 적이 없고 어
떻게 다루는지 잘 몰랐지만 중간에서 애기 엄마가 그런 것들은 상당
히 잘해준 거죠.

면담자   아버님도 힘이 나고 좋으셨을 것 같아요.

중근 아빠   그때는 훨씬 좋았죠.

면담자   결혼 전후로 연애할 때 잘 몰랐던 모습을 어머님에게
서 발견하신 게 있나요?

중근 아빠   애기 엄마요? 글쎄 저는 특별히 변한 모습은 없다고
생각이 드는데, 그때나 지금이나 크게 달라진 거 없고, 달라진 거 없
고 잘하고 있어서, 잘해주고 있어서.

면담자   주변에서 보는 아버님의 변화는 어떤가요?

중근 아빠   저는 결혼 전후로 상당히 많이, 다른 사람들이 보기
에 많이 편해졌다고, 심적으로 많이 편해져 보인다고 얘기를 하더
라고요.

면담자   마음이 편해지고 집에 빨리 가시고 싶은 그런 건 있으
셨나요?

중근 아빠   당연히 있었죠, 당연히 있었고. 제가 신경을 계속 다
써줘야 돼요. 어차피 아이들도 생각하고, 어떤 필요하다는 거 있으
면 해줘야 되고, 이런 게 제가 다 해야 될 사항이었잖아요? 어차피
부모님은 계셨지만 그래도 아이들을 어느 정도 제가 다 못 해주는
부분을 [이제는] 아이들한테 해줄 수 있는 부분도 있어서, 아이들이
그거를 좋아하고 잘 따라주고, 애기 엄마야 생전 키워보지도 않은
사내들도 키우고 저기 하는 저기는 있는데, 서로 잘해주고 잘 따르
고 그러니까 좋다고….

면담자   혹시 두 분이 살고 싶다는 생각해 본 적은 없으세요?

중근 아빠   둘이서만요? 둘이서만 살고 싶다는 생각은 없어요. 근

데 아이들이 자꾸 그렇게 만들려고 하죠, 지금.

면담자   아이들이 독립하면 두 분만 남는 거네요.

중근 아빠   그렇게, 그렇게 되는 거죠. 그런데 독립하라 그래도 안 해요, 지금은.

면담자   두 분이 연애하는 시간은 짧았죠?

중근 아빠   그렇게 많지는 않았죠, 실질적으로. 보통은 동거까지 하면 시간상으로는 한 2년에서 3년 사이? 근데 거기도 중간에 서로 연락 안 하고 공백도 있었고, 헤어지자 이런 얘기는 없었는데 약간 공백기가 있었죠. 근데 그럴 만한 사정이 있었고….

면담자   아버님은 아이들하고 함께 산다는 걸로 생각을 하고 계셨나요?

중근 아빠   그렇죠, 당연히 또 애들 떼어놓고 저만 같이 살 수는 없잖아요? 그거는 어차피 합쳐서 살기로 했던 거고.

면담자   중근이는 [이사한 집하고] 가까워서 단원고 지원을 하게 됐던가요?

중근 아빠   아까도 말씀을 드렸지만 13년도에 단원고로 입학을 하는 거고, 저희들은 12년도에 결혼을 하고 다섯 식구가 합쳐야 될 계획을 다 하고 있었잖아요. 합치려 그러면 지금 현재 있는 데에서 아니면 부모님하고는 따로 떨어져서 해야 되니까. 그 당시에 큰애가 학교가 어디였냐면 성안고등학교였거든요? 성안고등학교를 다니고 있었고 [누나는] 저기 어디야 경일, 경일[관광경영고등학교] 다니고 있었고, 그래서 지도 안산으로 나와야 되잖아요? 나와서 학교 갈 수준이라든가 이런 거 따졌을 때 단원고밖에 없었어요. 그래서 애들 학교 위치라든가 이런 거 다 저기 해서 그냥 집을 찾다 보니까, 거기가 제일 좋아서 거기다가 한 거예요.

면담자   그러면 아이들 세 명이 다 다른 학교를 다니게 된 거네요?

중근 아빠   그렇죠.

면담자   야구 안 된다고 했을 때 중근이가 반항하거나 그런 건 없었어요?

중근 아빠   그래도 하고 싶다고는 했었어요 계속, 근데 지가 몸이 아프고 저기 하니까 나중에는 포기할 수밖에 없었고. 그래서 "네가 하고 싶은 취미로는 그냥 해라. 학교생활에 취미로 하고 나중에 사회 나가서 동호회를 하든 뭘 하든 그냥 그대로 하면 되지 않겠냐" 그렇게 했던 거예요.

면담자   아버님의 교육관은 어떠셨어요? 아이들 성적에 대해 신경은 쓰셨나요?

중근 아빠   성적이요? 잘했으면 저도 좋겠죠(웃음). 근데 어렸을 때부터 제가 계속 지도를 해주지 못한 점도 항상 많았기 때문에 그걸 어떻게 할 수가 없는 상황이고.

면담자   아버님이 가르쳐보셨는데도?

중근 아빠   많이 못 가르쳤어요. 지금은 부모 둘이 다 [아이들을]

어렸을 때부터 계속 다 가르치잖아요. 그 당시에 저는 애들을 그렇게 가르쳐보질 못해서.

면담자 그래도 90년대, 00년대 아이들은 대부분 뛰어놀지 않았나요?

중근 아빠 그래도 부모들이 다 가르쳐요.

면담자 대학은 가야 한다 같은 건 아이들한테 요구하지 않으셨어요?

중근 아빠 그렇게까지 요구하지를 않았어요, 않았고, "중근이가 사회에 나가서 좋은 일을 했으면 좋겠다"고 얘기를 했었고. 그 당시에 이름도 있고 그러니 그때 당시에 경찰이라 그랬나? 그런 얘기는 했었어요.

면담자 경찰을 하면 어떨까?

중근 아빠 예, 공무원이나 경찰이라든가 이렇게 얘기는 했었어요. 성적 가지고 계속 야단치고 성적 더 올리고 저기 해야 된다고 그렇게 다그치진 못했고.

면담자 어머니는 어떠셨던 거 같으세요?

중근 아빠 지금 아내도 똑같아요. 하는 만큼 어차피 본인이 어차피 그거 다 짊어지고 갈 건데 어쩌겠어요. 처음 결혼해서 애들 낳고 그렇게 생활을 했다 그러면 이렇게 안 했을 거예요. 어차피 [애들] 중학교 졸업할 때쯤 돼서 다 만났고 고등학교 갈 때? 중학교 성적 가지고 가니까 어떻게 더 바꿀 게 뭐가 있겠어?

면담자   제일 걱정되는 건 어떤 거였나요?

중근 아빠   그 당시에는 크게 걱정거리가 없었어요, 합쳐서 살 때
는. 합치기 전에, 합치기 전에가 걱정이 됐었던 거지.

면담자   모여 살 때에는 그렇게 걱정할 일 없으셨고요?

중근 아빠   네. 1년 더 지난 그 시간대가 저도 그렇지만 아이들한
테도 제일 소중했던 시간.

4
수학여행 준비 과정의 기억

면담자   오늘 수학여행 준비하는 것까지 여쭤보려고 하는데
요. 수학여행 가는 건 아버님 알고 계셨죠?

중근 아빠   예, 알고 있었죠.

면담자   그때 특별히 어떤 생각 드시거나 그런 건 없으셨어요?

중근 아빠   저는 처음에 "수학여행 간다" 그래서 교통편이 다 항
공일 줄 알았어요, 처음에는. 근데 갈 때는 배편으로 가고 올 때는
비행기로 온다고 하더라고요. 그것도 나쁘지는 않다, 왜냐하면 중근
이가 군자중학교, 군자중학교는 안산 관내가 아니잖아요? 그래서 안
산으로 들어오는 친구들이 그렇게 많지가 않아요. 중학교 친구들이
[다 다른 데로 가고] 단원고등학교에 지 혼자 왔어요. 그래서 왔을 때
친구들이 없었[고], 중학교 친구들이 없어서 되게 힘들어했고, 그러

면서 그래도 1년 생활 잘하고 2학년 올라가니까 어차피 1학년 때 만났던 친구들도 있고 저기 하잖아. 밤새, 어차피 [제주도까지 배 타고 가면] 밤새 가거든요? '밤새 가면서 그냥 이것저것 놀고 저기 하면서 가는 것도 좋다'[고 생각했지요]. 어차피 비행기로 가면 1시간 갔다가 1시간 타고 오는데 비행기 안에서 애들 떠들지 못하잖아요. 그렇게 못 하잖아요. '그런 시간 동안에 즐길 수 있는 시간이 진짜 많이 주어지는 거다', 그래서 수학여행 코스 교통편이 저는 되게 좋다고 생각을 했어요, 애들한테 좋다고도 얘기했고.

면담자   수학여행 간다고 이것저것 준비해야 된다거나 그런 거는 없었나요?

중근 아빠   가방은 지가 평상시에 갖고 다니던 백팩 그냥 책가방이었고, 그거하고 캐리어는, 캐리어는 집에 있던 거 제가 쓰던 거 가져갔고, 옷도 다 새로 샀고…. 아이 찾을 때 진짜 결정적이었던 게 혁띠[허리띠]였거든요. 그때 혁띠 사러 가면서 "야, 지금 그렇게 너무 비싼 거 사는 거 아니냐?" 그랬었거든. 근데 지가 사고 싶다고 지가 고른 거였거든. 그래서 그때는 금액이 크고 저기 해서 짜증 내고 저기 했지만 나중에는 그래도 '잘 샀다' [했지요].

면담자   아버님도 같이 가셨어요?

중근 아빠   살 때요? 예.

면담자   딱 비싼 거를 찍어뒀던가요?

중근 아빠   그러니까 필요하다고 하는 것들 사러 가서 거기서 이렇게 보다가 "이거 사주세요" 그렇게 된 거죠.

면담자　　　옷도 그 한날 싹 장만을 한 거네요? 한 명 사주면 두 명도 똑같이 해줘야 된다거나 이런 생각 혹시 하신 적은 없으신지?

중근 아빠　　　한날 다 해줘야 된다, 이런 것들은 그렇게 많지 않고 자기 나름대로 다른 생일이라든가 또는 활동해야 될 때, 그때는 다 사줘요. 큰애, 제일 큰애 ○○이가 있을 때 있고, 딸 △△이가 필요할 때 있고, 아니면 막내 중근이도 필요할 때가 있었잖아요. 다 지들 생활이 그렇게 되니까 필요할 때 다 그렇게 해주는 걸로….

면담자　　　다 만족하고?

중근 아빠　　　예. 한날 동시에 뭐 셋 다 해줘야 된다, 이런 거는 [아니고요].

면담자　　　용돈은 어떻게 주셨어요?

중근 아빠　　　저희는 용돈은 다 대부분 주급으로, 주급으로 교통비에다가 어차피 밥을 먹어야 되면 밥값 감안해서 그거보다 쪼끔 더 [줬어요]. 그 당시 그 나이에 저희의 경제적인 거 다 따져서 부족하지 않을 정도로 저는 줬다고 생각을 해요. 근데 애들은 다 부족하다 그러지 뭐.

면담자　　　애들이 갖고 싶은 것도, 좋아하는 것도 다를 수 있잖아요? 아이들의 취향에 대해 생각해 보신 적은?

중근 아빠　　　그 당시 때 애들은 장난감도 많이 안 사줬던 거 같아요, 그렇게 많이 [사주지 않았어요].

면담자　　　중근이 고등학교 갔을 때는 필요하다 하는 거 없었어요?

중근 아빠　　야구 장비는 어차피 글러브하고 공 정도는 어차피 중학교 때부터 썼던 거 있고, 그 이후는 사준 게 없어요.

면담자　　　특별히 갖고 싶어 하거나 모으거나 이런 거 없었어요?

중근 아빠　　저한테는 얘기, 저는 얘기 들은 게 없어요.

면담자　　　어머니가 더 많이 알고 계실 거 같아요. (중근 아빠 : 그건 맞아요.) 딸아이는 이름이 △△이? (중근 아빠 : 네) △△이는 아버님 결혼하실 때 성을 바꾸게 된 건가요?

중근 아빠　　결혼하고 나서 성을 개명을 하고 있는 상태였죠.

면담자　　　이름을 아예 바꾼 건가요?

중근 아빠　　성만 바꾼, 당시에 성이 김 씨였거든요. 김△△이었다가 지금은 안△△으로 바꿨는데, 12년도에 결혼하면서 아이 성을 바꿀 건지 안 바꿀 건지 본인 의사를 따져서 하겠다고 해서, 그래서 본인이 성을 바꾸겠다고 해서 성을 바꾸는 거를 계속하고 있던 상태였어요. 그게 그렇게 쉽지가 않더라고 절차들이, 그래서 12년도에 바로 바꾼 게 아니라 13년도에 준비하면서 바꾸고 계속 진행하고 있는 상태였고, 바뀌지 않은 상태에서 중근이 사고를 당한 거고, 사고 난 이후에 다 마무리돼서 이름을 바꾼 거예요.

면담자　　　시간도 꽤 걸리나 봐요.

중근 아빠　　예, 어차피 그게 저희도 재혼 가정이고 저는 어차피 사별이었지만 애기 엄마는 이혼이었잖아요? 이혼할 때 상대방의 동의 이런 것도 다 필요하다고 법원에서 계속 그래 가지고.

면담자　　친권을 포기하거나 이런 과정인 건가요?

중근 아빠　　예, 그런 것들이 많더라고요. 절차들, 절차들이 많고 시간 걸리고 그래요.

면담자　　수학여행 갈 때 그 이외에는 신경 쓰시거나 그러신 건 특별히 없으셨어요?

중근 아빠　　예. 지가 가는 거 옷이라든가 속옷 이런 것들은 애기 엄마가 따로 사줬고, 겉옷이라든가 이런 거 할 때 같이 가서 사주고, 그다음에 짐 싸는 거는 어차피 가기 전날 짐 싸는 거는 다 봤고, 특별히 제가 더 도와준 거는 없었던 거 같아요.

면담자　　15일 아침에는 나가는 거 혹시 보셨어요?

중근 아빠　　15일 날 아침에 나갈 때 얼굴은 못 봤죠.

면담자　　아버님 먼저 출근하셨나요?

중근 아빠　　제가 출근할 때 애는 화장실 가서 씻느라고, 씻느라고 화장실에 있는 상태에서 목소리만 듣고 아침에 얼, 그때가 얼굴 본 게, 아침에 일어나서 얼굴 보고 저기 한 게 마지막 본 거죠.

면담자　　그날 저녁에 안개가 많이 끼었었는데요. 연락을 받거나, 배가 지연된다거나 그런 얘기 들으셨어요?

중근 아빠　　"지연돼서 출발한다" 그런 얘기는 나중에 늦게 들었어

요. 늦게 출발하는데 어차피 이따 출발한다고 그렇게만 얘기 들었
죠. 전 가는데 크게 문제없겠다 생각을 했거든요.

<h1 style="text-align:center">5</h1>
참사 당일의 기억

면담자   처음에 사고 소식은 어떻게 들으셨는지요?

증근 아빠   그 주에 제가 회사 연수원에 들어가서 교육을 받고 있
는 상태여서, 어차피 집에서 출퇴근을 하는데, 연수원에 들어가서
교육 중에 전화가, 애기 엄마한테 전화가 오는 거예요. 그래 갖고 전
화를 받을 상황이 아니어서 전화를 안 받았거든요? 그랬더니 문자가
바로 오더라고요, "지금 제주도 가는 배에 문제가 생겼다고 지금 [뉴
스에] 나오는데 확인해 봐야 된다"고. 그래서 바로 인터넷 뒤지니까
계속 그 얘기가 나와요. 봤더니 단원고 학생들 태운 세월호라고 그
렇게 나오더라고요. 그렇게 돼서 내용을 알게 된 거죠.

면담자   기사들로 처음 보시게 됐던 거네요.

증근 아빠   예, 애기 엄마가 먼저 알려준 거예요, 저한테. 그 얘기
가 방송에 나온다고 그래서 그 문자를 받고 저는 방송은 못 보니까
어차피 그냥 인터넷 기사만 봐서 사고를 접하게 된 거예요.

면담자   바로 회사에서 나오셨어요? 아니면 지켜봐야겠다는
생각을 하셨나요?

중근 아빠　　　거기서 지금 어차피 연수원이었으니까 연수원에서 교육하는 그 과정에 어차피 저희 회사 HR[인사관리]직원도 있고 해서 "지금 아이가 수학여행 가는데 지금 현재 이런 상황으로 기사가 나온다" 그걸 얘기하니까 교육이 그 상태에서 중단이 된 거죠. 그래 갖고 연락할 수 있는 연락처는 거기서 다 적는 거예요. 직원들한테도 확인해서 연락처 적어달라고, 확인할 수 있는 데 전화해서 확인하고, 연락처 적어달라고 그렇게 하고서 했더니, 도저히 거기 있을 상황이 안 돼서 "지금 가봐야 되겠다" 하고 한, 연락받고 한 30분, 1시간도 안 돼서 그 연수원에서 나오게 된 거죠. 연수원 위치가 강동구 길동이에요. 저희 안산 집까지 1시간 정도 걸리거든요. 그래서 사고 접하고 학교로 바로 온 게 11시, 11시 반 정도 왔을 거 같아요, 대략 시간이 정확하게 기억이 안 나는데. 오는 도중에 제가 YTN 뉴스를 DMB로 계속 틀면서 왔거든요. 오는 중에 처음에는 "전원 구조" 한번 나왔다가 정정해서 "학생들은 다 구조했다" 그렇게 나오더라고, 이동 도중에.

면담자　　　학교로 바로 가셨어요, 집으로 안 오시고?

중근 아빠　　　예, 학교로 갔죠. 집에는 가봐야 아무것도 없는데 집으로 가면 [뭐 해요]. 학교 와서 그날 강당으로 바로 갔거든요. 강당으로 갔는데 제대로 설명도 안 되고 어떤, 어떻게 하느니 이런 얘기, 다들 그냥 우왕좌왕하고 있고 밑에서 어떤 소식이 올라오는지 그런 것도 다 제대로 안 올라오고 설명이 안 되고 있더라고요. 그래서 강당에서 잠깐 상황 보고 밑에 교무실이 아니라 교무실, 학생처인가?

행정실인가 보네, 행정실 내려가니까 거기들도 부모들도 있고 행정실로 어차피 연락이 올 테니까, 그래서 거기 가서 이렇게 상황 보는데 제대로 연락 오는 거 없고….

거기에도 비상 연락망 쭉 있더라고요. 그런 것, 담임선생님 전화번호 아니면 연락할 수 있는 전화번호 적어가지고 그 상황 지켜보는데, 학교서 12시 반인가, 1시 반인가 그사이에 버스 떠난다고 얘기가 있더라고요. 저는 버스로 안 가고 애기 엄마하고 차로 내려가려고 애기 엄마 근무하는 치과로 가서, 애기 엄마 어차피 가야 되니까 치과에 얘기하고 거기서, 버스, 버스보다 1시간 정도 늦게 출발했을 거예요. 애기 엄마랑 둘이서 얘기한 게 어차피 구조됐다고 그렇게 얘기가 됐으니, 구조 당시에 물에 젖고, 저기 옷을 젖었더라도 가서 애 저기 하면 거기서 그냥 옷 사 입혀서 데리고 올라올 생각으로 아무것도 안 갖고 간 거야. 집에 들르지도 않고 바로바로, 거기로 바로 내려갔던 [거지요].

면담자　　　도착한 거는 버스하고 비슷했나요?

중근 아빠　　　제가 더 빨리 도착했어요.

면담자　　　버스 탄 부모님들은 대기시간도 있고 속도도 늦었다고 하더라고요.

중근 아빠　　　속도도 많이 안 냈고 중간에 가면, 중간에도 서기도 했다고 얘기하더라고요. 근데 저희는 어차피 차 가지고 내려가니까 가족이고 뭐고 그런 거 신경 쓸 데가 어디 있어요, 내려가는 게 급해서 그냥. 처음에 체육관에 갔을 때 버스보다 제가 거의 30분에서

1시간 먼저 도착했을 거예요. 뉴스 틀고 가고요. 저는 운전만 하고 제가 가지고 간 연락처들 회사 직원들이 적어준 거, 제가 따로 적은 거, 학교서 적은 거 전화번호 애기 엄마한테 다 주고, "나 [운전해서] 가는 동안에 전화해서 확인하라"고 얘기하고, 갈 때 저기 뭐야, 손위 처남이 같이 갔거든요? [애기 엄마하고 처남] 두 사람이 고향이 전라도 신안이에요. 고등학교를 목포에서 나왔으니까 목포 쪽에 아는 사람들 있고, 처남이 친군가 저기가 해경에 근무하는 사람도 있고 그래서 서로들 계속 알아볼 수 있는 데는 계속 전화를 해서 알아보는 거였어요.

면담자   현지에 관련된 사람 중에 통화가 됐었나요?

중근 아빠   팽목항에 나가 있는 사람이 그 당시에 그 사람이 누군지는 모르겠는데 애기 엄마하고 통화가 됐어요, 그 현장에, 팽목항 현장에 있는 사람하고. 근데 그 사람 전화번호도 지금 기억 못 하고 이름이 누군지도 모르는데, 일단 애기 엄마가 통화가 됐는데 "배가 처음에 들어오는 생존자들 [태우고] 온 배 외에는 더 이상 들어오는 배는 없다"[고 해서], 그렇게 내려가면서 알게 됐죠.

면담자   빨리 알게 되셨네요. (중근 아빠 : 그렇죠, 그렇죠) 아버님 회사에서 연락처를 받아오신 거는 어떤 사람들이었던 거예요?

중근 아빠   해경이라든가 긴급하게 전화할 수 있는 그런 연락처를 저한테, 저도 적었지만 그거 말고 다른 데 더 추가적으로 확인할 수 있는 데는 다, 본인들이 적어준 거죠.

면담자　　　내려가실 때 지금 잘 기억 안 나시죠? 그래도 한 번 쉬었다 가셨는지?

중근 아빠　　　한 번 정도 쉬었던 거 같아요. 한 번 정도 그냥 잠깐 쉬고, 한번은 차 기름 넣느라고 쉬고 [했어요], 진도 그 안에까지는 거의 초행길이었으니까.

면담자　　　아버님은 전라도 지역에 가실 일이 거의 없으셨죠?

중근 아빠　　　제가 직장생활 하면서 군산, 목포, 해남까지를 한번 가봤던 저기는 있어요, 업무출장 때문에. 근데 실제 진도 안에 팽목항까지는 가본 적이 없었죠.

면담자　　　그럼 도착해서 체육관으로 먼저?

중근 아빠　　　예, 체육관 먼저 갔고요. 체육관 갔을 때 체육관 안에 벽보 이렇게 붙어져 있고 그런데, 명단 있고 생존자 명단 그렇게 쭉 있고, 들어가면서 한쪽에 생존 아이들 구조된 사람들 있는 거 봤고…. 벽보 붙여놓은 거 생존자 명단이 있다고 하는데 찾아보니까 없어. 그래서 처음에는 체육관에 있을 생각은 안 했고 첫날에 거기서 보고 바로 팽목으로 갔어요.

면담자　　　세 분 같이 가셨어요, 아니면 아버님만?

중근 아빠　　　같이 갔죠. 팽목 가니까 진짜 언제 왔는지 기자들, 방송 언론들 엄청 많더라고요.

면담자　　　이미 그때?

중근 아빠   그때 있고, 있던 사람들이 그 당시에 저기 뭐야, 등산복 차림에 사람들 진짜 많더라고요.

면담자   그 사람들은 누구예요?

중근 아빠   해경, 그다음에 경찰.

면담자   아버님, 긴 시간 말씀 주시느라 힘드실 것 같아서 1회차 구술은 여기서 마무리하려 합니다. 수고 많으셨습니다.

2회차

2019년 3월 23일

1
시작 인사말

면담자 　본 구술증언은 4·16 사건에 대한 참여자들의 경험과 기억을 기록으로 남김으로써 이후 진상 규명 및 역사 기술에 기여하고자 합니다. 지금부터 안영진 씨의 증언을 시작하겠습니다. 오늘은 2019년 3월 23일이며, 장소는 안산시 4·16기억교실 교육장입니다. 면담자는 김아람, 촬영자는 강재성입니다.

2
사고 소식을 접한 직후

면담자 　아버님, 오늘은 오전, 오후로 나눠서 2차, 3차 연속으로 진행하게 될 텐데요, 지난번에 이어서 중근이가 수학여행 가고 사고 소식을 듣게 되는 그 부분부터 이야기 나누도록 하겠습니다.

중근 아빠 　제가 처음 소식을 접하게 된 거는 사고 당일 아침 8시 반에서 9시 그사이였던 거 같아요, 정확한 시간은 모르겠는데. 그 시간에 제가 직접 알은 거는 아니고 애기 엄마한테서 문자가 와서 인터넷 보고 알게 됐죠. 인터넷을 보니까 처음에 속보 많이 나오고 저기 하던데, 처음에 나왔던 얘기는 일단 사고가 났다고만 얘기가 나왔고…. 그래서 그 상황에 대해서 저는 저뿐만이 아니고 주위에 있던 회사 동료들한테 해경이라든지 어디든 경찰이든 지방경찰청이든 알 수 있는 데는 다 연락처를 알아서 확인해 달라고 얘기해 놓고, 저는 학교로 이동을 하게 됐어요. 이동 중에 처음에는 "전원 구조" [라는 속보가] 나왔다가 변동이 돼서 "학생들은 전원 구조됐다" 이렇게 바뀐 내용을 접하고 학교까지 도착을 하게 된 상황입니다. 학교 도착한 게 한 11시 정도경 된 거 같아요. 처음에 학교에 와서 체육관 갔더니 여러 사람들이 있고 학교서 설명은 하고 있다고 하는데 제대로 된 정보, 설명은 없었던 상황이고요.

면담자　　　사고 전에 학교에 가시거나 담임선생님 만나시거나 한 적은 없으시죠?

중근 아빠　　　예, 저는 없고요, 애기 엄마는 한 번 정도. 한두 번 정도는 갔을 거, 간 거 같거든요? 학기 초에 어머니 면담이나 이런 거 통해서 갔었던 걸로 알고 있는데 저는 가본 적이 없고, 1학년 때에도 저도 가본 적은 없어요. 그래서 아이 친구들이라든가 친구 부모 이렇게 아는 사람들이 없었던 상황이죠. 특히나 애가 중학교도 안산 관내에 있는 학교가 아니고 시흥 관내에 있는 학교 졸업하고 단원고를 와서 혼자 단원고등학교 진학을 했기 때문에 중학교 친구들이 없었어요.

면담자　　　학교에 처음 도착하셨을 때 사람들이 이미 많이 모여 있던가요?

중근 아빠　　　예, 제 기억으로는 체육관 내에 몇십 명이 있었던 걸로 기억을 해요. 몇십 명이 있었고 기자들도 와 있었던 상태고 학교서 설명을 하지만 설명이 부족해서 실제 그 상황에서 거기 와있던 사람들이 이것저것 항의하는 그런 상황이었었어요.

면담자   체육관에서는 설명을 하시는 분이 누군지도 아실 수
가 없는 상황인 거죠?

중근 아빠   그건 모르죠, 누구였던지.

면담자   그때 '누구를 만나야겠다. 이야기를 해봐야겠다' 하는
사람이 있으셨나요?

중근 아빠   그 당시에는 어차피 수학여행 총 인솔자는 교감선생
님이었고 학교에는 교장선생님이나 다른 분들 어차피 남아 있었잖
아요. 그러면 학교에서는 교장선생님이 총괄해서 어떤 상황을 알려
줬어야 되는 게 맞다고 보는 거죠.

면담자   교장선생님이 나오셨던 건 아니잖아요?

중근 아빠   그 당시에 교장선생님이 누군지도 몰랐어요, 저는.

면담자   행정실에 내려가서 확인을 해보셨다고 하셨는데?

중근 아빠   예. 체육관에서는 정확한 얘기도 없고 저기 해서 행정
실이라든가 이렇게 밑에 내려오면 무슨 소식이라도 더 빨리 알게 되
지 않을까 해서 내려갔던 거고요. 내려갔어도 마찬가지, 밑에서 진
도 쪽에서 오는 소식이 별로 없어서 자기네들도 "아직 모르겠다", 그
게 다였어요. 근데 벽에 보니까 비상 연락망 이런 것들이 있더라고
요? 담임선생님 전화번호도 있고 그래서 그거를 적어가지고 저는 진
도를 내려가게 된 상황이죠.

면담자   버스도 있지만 따로 가셔야겠다 생각하신 건가요?

중근 아빠   예. 저는 저 혼자 내려갈 게 아니라 애기 엄마하고 같이 내려가려고 그 버스에는 동승을 안 하기로 했던 거였고요. 버스가 그때 12시 반, 1시 정도? 출발 예정이었던 걸로 알고 있고요. 저는 애기 엄마하고 손위처남하고 셋이서 1시 반 정도에 출발했죠.

면담자   아버님이 운전하시고 (중근 아빠 : 예, 저는 운전하고) 두 분은 전화하시면서 내려가신 거죠?

중근 아빠   예, 먼저도 말씀드렸지만 저는 운전했고, 회사 연수원에서 연수원 있을 당시였으니까, 연수원에서 학교 오기 전에 동료들 통해서 적어준 전화번호, 그다음에 학교서 본 전화번호, 그다음에 애기 엄마나 손위처남이 본인들이 알 수 있는 전화번호, 지인들 통해서 그런 번호로 계속 연락을 내려가면서 하게 됐던 상황이었어요.

면담자   그때 정보를 얻을 만한 연락이 가능한 분이 계셨나요?

중근 아빠   통화는 계속 수시로 했던 거고요. 어차피 담임선생님 전화라든가 애 전화번호, 그다음에 같은 반 애들 전화번호, 그다음에 해경이라든가 경찰 쪽에 지금 상황에 대해서 [알아보려 했던 거죠]. 어디 안내 나온 전화번호가 있잖아요? 그런 거. 그다음에 손위처남이 알고 있는 지인, 해경 쪽에, 목포 해경 쪽에, 그쪽에 연락해서 알아봤는데 그쪽에서는 신통치 않은 정보였고요. 근데 우연찮게 어느 분인지는 잘 모르겠는데, 진도군청이었나 경찰서에서 팽목항에 나오신 분하고 어떻게 우연찮게 연결이 됐어요. 근데 그분 얘기로는 "먼저 생존자들 태워갖고 들어온 배 외에는 더 이상 들어올 배가 없다" 그러더라고요. 그래서 그때 상황을 그렇게 알게 된 거예요.

면담자   내려가실 때 심정이 복잡하고 그러셨을 텐데 어떠셨어요?

증근 아빠   당연히 그렇죠. 처음에 사고를 접했을 때도 그렇고 학교에 와서 상황을 볼 때도 그렇고, 그다음에 계속 방송은 나오는데, 방송은 다 됐다고 얘기를 하지만 별로 신통치 않은 상태에서, 일단 '여기서는 모르니 현장 가까운 데라도 가야 어떤 상황인지를 알겠다' 싶어서 그 마음에, 조급함에 무조건 내려갔던 거죠.

3
사고 후 진도체육관과 팽목항의 상황

면담자   학교 버스보다 먼저 도착하셨다고 하셨는데 체육관에 이미 기자들이 와 있었던 거죠?

증근 아빠   네, 와 있더라고요. 어차피 언론 방송에 나온 거는 제가 접한 거보다 더 빨리 나왔으니까, 그 시간이면 기자들 학교[진도체육관] 오는 거는 그렇게 늦지는 않았겠죠.

면담자   도착한 뒤에 체육관으로 가셨다가 팽목으로 가셨나요?

증근 아빠   일단 체육관에 먼저 도착을 했었고요, 체육관에 도착하니까 체육관 바닥에 일명 깔판 이렇게 깔아놓은 상태에서 생존 일반인, 학생들 쭉 있었고, 그다음에 안에 벽보에 생존자 명단 이렇게 있었는데 보니까 아이 이름은 없었던 걸로 확인했고요. 거기서 안에서 한 30분 이내로 있었던 거 같아요. "여기 말고 어차피 들어오면 팽목항으로 들어오니까 그냥 팽목으로 가서 기다리자" 하고 거기서 바로 팽목으로 갔죠.

면담자 처남 분은 계속 같이 움직이셨던 거죠?

중근 아빠 예, 같이 움직였어요.

면담자 팽목에 처음 나가셨을 때는 해가 지고 있던 무렵이었죠?

중근 아빠 당시 기억으로는 5시, 6시 사이였던 걸로 기억을 해요.

면담자 그러면 아직 어둡지는 않았죠?

중근 아빠 예, 그 당시 4월이니까 해가 길었던 저기였고요. 근데 그날 저녁부터는 날씨, 기상이 안 좋아서 새벽에는 비 오고 그런 상황이었어요.

면담자 팽목에서도 정보전달이 잘 안 됐다는데, 아버님 보셨던 상황은 어떠셨어요?

중근 아빠 예, 마찬가지였어요. 체육관이나 거기나 별 차이 없었고요. 나와 있는 사람들 얘기하는 거 있어도 신통치 않은 얘기만 계속 나왔고, 주위에서 같이 있는 부모님들은 나중에 알게 됐지만, 당시에는 얼굴도 모르고 누군지도 모르는 상황이었고.

면담자   부모님들끼리 대화를 나누지는 않으셨나요?

중근 아빠   그런 경황까지는 별로 없었어요. 초기에 그날 갔을 때에 선착장 그 위치에 천막 몇 개 있고, 허술하게 있고, 있는 상태에서 거기서도 쭈그리고 아니면 빈 의자 있으면 앉고 그랬지만, 다른 가족들하고 그렇게 크게 얘기해 본 적은 없었어요.

면담자   바지선을 대서 부모님들이 나가보자고 하셨던 분들도 계시고 실제로도 나가신 분들도 계셨는데 그때 상황에 대해서 혹시 기억나세요?

중근 아빠   그런 얘기가 계속 있었고요. 근데 그날 저녁에 그 사람들은 어떻게 가게 됐는지는 모르겠는데, 일부 몇 명이 어선을 빌려서 갔다 온 저기는 있었어요. 가기 전에 그 내용을 알지는 못했고, 갔다 와서 그 사람들 얘기하는 거는 알게 됐죠. "갔더니 방송에 나오는 거하고는 완전 딴판이고 구조 활동 제대로 하고 있지도 않은데 그렇게 [방송]하고 있다"고, "거짓말하고 있다" 그렇게 계속 그날 저녁에는 얘기가 됐었어요. 보니까 서로들 이 사람이 누군지 잘 모르니까 이 정보가 맞는 건지, 안 맞는 건지 모르겠고 그렇죠. 계속 방송에서는 "시간이 이만큼 지났고 어떤 상황이고 구조 인력이 많이 투입이 되어서 지금 하고 있다"고 방송에는 그렇게 나오는데 실제 가족이라고 얘기하는 사람들이 갔다 와서 얘기한 거는 그거하고는 전혀 안 맞으니까 되게 혼선이 많았고요, 아무튼 그랬었어요.

면담자   최초 희생자 차웅이가 나왔을 때 소식은 빨리 들으셨나요?

중근 아빠   소식을 빨리 듣지는 못했죠. 어차피 차웅이 발견되고 나왔다는 거는 팽목에 와야 아는 상황이었고요. 팽목에 도착하기 전에 흘러나오는 얘기들, 그런 얘기를 들었을 때나 접했던 얘기죠.

면담자   초기에는 "우리 아이는 살아 있을 텐데 안됐다"는 이야기하시는 분들도 많으셨는데 어떤 생각 드셨어요?

중근 아빠   사고 당일이나 아니면 며칠 2, 3일 지날 때까지는 제발 저희 아이가 아니기를 바라고, 다른 아이가 발견되어서 나올 때는 마음이 아프고 안타깝다는 그런 생각은 계속하고 있었던 상황이죠. 어느 부모가 안 그러겠어요, 자기 자식이 아니고 다른 부모 자식이래도 아이 친구들인데, 그 마음은 다 똑같은 거 아니겠어요.

면담자   날이 어두워지고 그러면서는 걱정이 더 많이 되셨겠어요.

중근 아빠   첫날 저녁은 저희가 늦게까지 거기에 있다가 시간이 길어질 거 같아 가지고 그날 다음 날 새벽까지는 팽목 거기에 있지를 않았어요. 다른 분들이 아시게 되면 어떻게 그럴 수 있냐 그렇게 얘기하시겠지만, 그 당시에는 선택이 그거였다고 생각을 해요, 체육관에 계신 분들은 그분들 저기 하고. 저는 팽목에 그날 저녁에 있다가 한 자정 무렵에 저희 형님이 아시는 분이 서망항 쪽에 살고 계신 분이 있어서, 그날 저녁 넘어서 서망 거기 집에 들어가서 잠깐 쉬었다가 아침에 나왔거든요. 그러니까 새벽에 어떤 일들이 벌어졌는지를 실제 접하지를 못하는…, 되게 그렇죠.

| 면담자 | 계속 기다리고 계시는 상황이거나 항의하시거나….

중근 아빠　그러니까요. 거기에 내려온 가족들끼리 어떤 얘기들이 오고 갔는지 이런 내용들을 전혀 접할 수 없었던 상황이고요. 잠깐 들어가서 추위 피하고 쉬고 나올 수 있었다는 거는 다행인데, 저라도 거기에 그냥 남아서 이런저런 얘기 듣고 다른 부모님들을 알고 얘기를 했어야 되는[데], 시간을 놓쳐버렸다[는 거죠].

면담자　언제 그런 생각이 드셨어요?

중근 아빠　그거는 아침에 나왔을 때부터 생각이 들더라고요. 거기 집에 잠깐 들어갔다가 나온 이후로 가족들도 많이 나오고 더 많아졌잖아요, 사람들이? 그리고 보니 그런 생각이 자꾸 들더라고요.

면담자　그 당시에는 부모님들이 공통적으로 아무것도 할 수 있는 게 없었다고 하셨어요.

중근 아빠　예, 그렇더라고요. 그리고 둘째 날인가요? 저희가 가족들이 단체, 그 현장에 갔다 올 수 있는 시간이 있었죠. 배를 준비를 해줘서 갔다 오는 시간이 있었는데 처음에는 "배를 나가게 한다" 그러더니 출발하려 그러니까 못 나가게 했다가 다시 현장에 갔다 오는 그런 적도 있었고.

면담자　아버님도 타고 나가셨나요?

중근 아빠　예, 갔죠. 그날 둘째 날 부모님들 다 갈 때 같이 갔다 왔죠.

면담자　어떠셨어요?

중근 아빠   직선거리로 보면 한 30킬로미터? 직선거리로 30킬로미터 되는데 배로는 거의 1시간? 그 정도 걸렸던 [거 같아요], 시간이. [배가] 보이지 않을 때였죠.

면담자   어머니도 같이 나가셨어요?

중근 아빠   예, 같이 갔었어요.

면담자   준비해 간 게 거의 없다고 하셨었잖아요. 어머님과 아버님 옷도 없으셨던 거죠?

중근 아빠   전혀 없었죠, 전혀 없었죠.

면담자   그다음 날부터 [팽목에서] 생활을 하시게 되는 건데 어떻게 해결을 하시게 되셨어요?

중근 아빠   일단 그 당시에 내려갈 때 옷차림은 저는 정장 차림이었고요. 정장 차림이었고, 애기 엄마도 어차피 출퇴근은 거의 정장 스타일이거든요? 손위처남도 그냥 일반 캐주얼 넘는 정장의 중간 정도 가까운 이런 스타일이었고…. 저보다도, 저는 평상시에 구두를 신고 걷기도 많이 하고 그러는데, 특히 애기 엄마는 구두 (면담자 : 구두도 높은 구두 신고 계셨던 거예요?) 그러니까 그렇게 아주 높은 건 아닌데 구두를 신었으니까 불편하잖아요. 그래서 저희는 첫날, 16일 날 내려갔을 때는 처음에 체육관을 들렀다가 [조금] 있다가 팽목항으로 가서 거기서 하룻밤을 보냈단 말이에요. 보내고 낮에 이렇게 봤는데 상황을 서로 이렇게 보니 '이거는 금방 하루 이틀에 끝날 상황이 아닌 것 같다' 싶어서 시간이 걸릴 거 같더니 우리 체육관으로 가자고해서 저희는 체육관으로 다시 갔어요.

면담자   다음 날 17일인 건가요?

중근 아빠   그렇죠. 17일 날 저희가 오후인가 저녁인가 갔어요.

면담자   그때에는 아는 분 집에 머물기는 힘드신 거죠?

중근 아빠   그렇죠. 그거는 저희가 잠깐 가는 건 저기 하지만, 어차피 저희는 가족들하고 있어야 어떤 얘기를 주고받고 현재 돌아가는 상황들을 아는데, 서망에 집에 들어가서는 그런 얘기를 들을 수 있는 상황이 아니고 그래서 진짜 17일 날 다시 진도체육관으로 갔잖아요? 갔는데 완전 자리가 빼곡한 거예요, 빼곡.

면담자   어떡하셨어요? 일찍 왔어야 되나 생각도 드시고 그러셨어요?

중근 아빠   그런 것까지는 아니고 진짜 막막하더라고요. 사람들 다 [차 있고], 그래 갖고 보니까 자리가 빈 데가 옆으로 나란히 앉을 수 있는 데가 아니고, 그냥 뒤로 이렇게 앉을 수 있는 공간이 있더라고요. 그래서 따로따로 이렇게 들어가서 비집고 앉아서 있으면서 그 주위에 있는 가족들하고 얘기하다 보니까 같은 반도 있더라고요.

면담자   옆에 계신 분들은 누구셨나요?

중근 아빠   수빈이네 하고, 이수빈이 말고 수빈이 있어요, 김수빈이하고, 그래 갖고 주위에 있게 됐어요. 그래서 일단 비집고 들어가서 앉아서 조금씩 움직이면서 공간을 넓히고, 그런 상황으로 있는데, 어차피 16일 날 나오는 아이도 있고, 17일, 18일 이렇게 나오잖아요? 시간이 조금씩 지나면서 아이들 올라오고 그러면 그 아이 부모들이 있던 자리가 빠져나가는 거예요. 그러니까 저희가 지낼 수 있는 공간들이 조금씩, 조금씩 이렇게 넓혀지는 거였어요. 근데 그게 좋은 일은 아니죠. 그래서 체육관에 가서 자리는 그렇게 처음에는 비집고 들어갔다가 아이를 찾은 부모들이 빠져나가면서 그 공간이 넓어지면서 저희가 생활하는 영역이 넓어진 그런 상황이었고….

17일, 18일 저희는 가져간 것도 없고 아무것도 없었잖아요? 근데 애기 엄마가 학교를 목포에서 다녔어요. 그래서 친구들이 있다고 친구한테 전화를 해서 했더니 친구가 옷하고 운동화하고 이런 거를 사갖고 온 거야. 그래서 애기 엄마는 그거 가지고 지내고 저는 어떻게 해, 그대로 있어야지. 그리고 한 2, 3일 지날 때 어차피 안산에서 가족들 내려오면서 집에서 짐, 옷가지 보내라고 해서 그거 가지고 생활한 것도 있고, 가족들한테 그 당시에 뭐냐 하면 구호품 나오잖아요? 그거 받아 쓰고 그러면서 지내게 된 거죠.

면담자   할머니, 할아버지도 당시에 바로 아셨나요?

중근 아빠   아시게 됐죠. 저희는 알리고 싶지 않아도 어머니는 저희 중근이 친할머니는 건강 때문에 많이 움직이지를 못하셔서 집 안에만 계세요. 집 안에 계시면서 TV만 계속 보시는데 그거를 안 접할 수가 어디 있어요? 그래서 바로 알게 되셨죠.

면담자   그때 어른들이 많이 충격을 많이 받으셨겠네요?

중근 아빠   놀라셨겠죠. 제가 직접 보고 표정을 알 수 없는 상황이었던 거고, 저희는 어차피 진도 내려가 있던 상황이었으니까.

면담자　할아버지가 내려오시거나 그러시지는 않으셨어요?

중근 아빠　내려오시지 말라고 했죠. 어머니는 어차피 거기까지 오실 수 있는 상황도 아니었고 아버님은 오신다 하더라도 내려오시지 말라고 했죠.

면담자　짐을 챙겨다 주신 분은 누구세요?

중근 아빠　처남, 처남댁 있고요. 그다음에 저희 아이들, 딸내미 [하고] 아들하고.

면담자　오빠하고 누나는 그때 내려오겠다고 하지 않았어요?

중근 아빠　내려오겠다고 해서 딸은 그래서 내려와서 며칠씩 있다가 올라가기도 했고, 근데 아들은 잠깐 내려왔다가 올라가…. 그 당시에 둘 다 학교를 다니고 있는 상황이었잖아요? 그래서 학교 다니고 있는 상황이었었는데 딸은 바로 휴학계를 냈고, 아들은 그래도 일단 더 다녀보겠다고 그래서. (면담자 : 둘 다 대학교 1학년이었죠?) 1학년이었죠, 아무튼 그랬어요.

면담자　체육관에서 한번 자리 잡은 거기에만 계셨어요?

중근 아빠　처음에 그 체육관 들어가서 그 있던 그 위치 그 부근에서 크게 움직이지는 않았죠.

면담자　바로 건너편으로 가거나 하진 않으신 거죠?

중근 아빠　아이, 그렇죠.

4
진도체육관에서의 건강 상황 및 대통령의 방문

면담자   17일에 대통령이 방문했는데 보셨어요?

중근 아빠   예. 그때 17일? 17일이었나요? 어, 다음 날인가? 날짜를 왜 기억을 못 하지? 어차피 체육관 있을 때에 왔어요. 처음에 오는지는 몰랐는데 중간에 일명 경호하는 사람들 쭉 깔리고 저기 하더라고. 그래서 '아, 누군가' 그래서 '누군가 오는가 보다' 그랬더니 그 당시에 박근혜[가] 오더라고요. 그래서 하는 얘기는 그냥 다 알려준 얘기만 그냥, 본인이 제시한 내용은 별로 없고, 그냥 누군가 알려준 내용만 그대로 읊고 저기 하는 그 외에는 없더라고요.

면담자   가족분들이 많이 분노했는데, 아버님은 어떠셨어요?

중근 아빠   일단 저도 화나는 건 마찬가지였고요. 화나고 울분 터졌고, 근데 저는 뒤에서 일단 지켜보는 상황이었고 앞에 나와서 따지지는 않았어요.

면담자   대통령이 다녀가면 상황이 달라지지 않을까 하는 기대도 있지 않으셨어요?

중근 아빠   그때 상황이 달라진 거는 저건 있었어요, 체육관 안에 CCTV 설치한 거 그거만 바뀌었어요. 그건 설치는 빨리 하더라고요. 근데 실제 인력이라든가 장비라든가 이런 게 빨리 동원이 되어서 구조 활동을 더 빨리 한다든가 이런 내용들은 그렇게…, 그런 사항들은 없었고, 그쪽에 바지선 작업하는 내용을 볼 수 있게끔 해달라고

중근 아빠 안영진

했던 거 설치한 거, 그거만 진행 빨리됐더라고요. [그 외에는 제대로 된 게] 없었어요.

면담자　　　그 무렵에 반별로 이름표 달기 시작했는데 어떠셨나요?

중근 아빠　　　예. 근데 그게 서로들 모르니까 이 사람이 실제 가족이고 자기 반 부모인지 어떤지 누군지를 잘 모르는 상황이잖아요? 그래서 그거를 이름표를 가지고 하자 이렇게 해서 처음에 했는데, 이 이름표도 얼마든지, [서로] 잘 모르니까 누구든지 도용할 수 있는 거잖아요? 그래서 일명 경찰이든지 해경이든지 자기네들도 가족이라고 들어와서 그렇게 했던 경우 되게 많잖아요. 실제 부모, 부모는 아니더라도 삼촌이네 누구네 이렇게 해가지고 이런, 가족[이 아닌데 가족 행세하는 사람]들 많았어요.

면담자　　　대표가 나눠주고 그러던가요? 가족 두 명한테만 주는 걸로 됐다고 하던데.

중근 아빠　　　그 당시에 어차피 반별로 해서, 가족들 모여서, 가족들 전체를 한꺼번에 얘기해서 하기가 힘드니 일명 가족 대표, 그 당시에 누가 추천이 돼서 가족 대표가 나왔는지 모르겠는데, 가족 대표가 얘기하면 반별로 모여서 "이런 얘기들이 있는데 이거를 어떻게 논의해서 결정을 해서 알려줄까요?" 이렇게…. 반별로 모이잖아요? 그럼 반별로 모일 때 그 당시에도 아이가 반장이 있잖아요? 반장 엄마나 반장 아빠가 가족 반 대표 역할을 그렇게 했어요. 그렇게 해서 하게 돼서 얘기가 됐고, 각 반에 가족들은 부모만 명찰을 하는 걸로 그렇게 해서 정해서 했던 거고요.

면담자	그때 다른 가족들 만나고 인사도 하시고 하셨나요?

중근 아빠　　아니, 지금 얼굴을 모르는 상태에서 그냥 잠깐 복잡한 상황에 한두 명도 아니고 몇십 명씩, 저희[7반]는 [희생자 수가] 제일 많잖아요, 32명이잖아요. 근데 팽목에도 있고 체육관에 나눠도 있고 하지만, 제가 봤을 때 [체육관에만] 거의 20명 넘었던 거 같아요, 부모, 양쪽 부모 다 따지면 40명 정도 되는 거고. 근데 그 짧은 시간에 얼굴을 봐도 잘 모르겠고 서로 이런저런 얘기 나누기도 힘들고, 위치가 다 흩어져 있다가 "잠깐 모여주세요" [하고] 얘기하면 다 [모이고 했던 거죠].

면담자　　가족을 사칭해서 들어와 있는 사람들을 느끼거나 본 적이 있으셨나요?

중근 아빠　　저는 못 느꼈는데, 다른 가족들은 그런 내용들을 보고 실제 잡은 경우도 있었어요.

면담자　　주로 경찰들이었나요?

중근 아빠　　그렇죠, 사복경찰들, 그다음에 당시 국정원, 기무사 그쪽 라인들, 다 정부 관계자들, 그런 내용들이 있었어요.

면담자　　언론사에서도 초기에는 안에서 취재도 하려고 하고 그랬었잖아요. 가족분들도 만나려고 하고 그러지 않았었나요?

중근 아빠　　언론들 다 마찬가지죠. 그래서 그 당시에 나왔던 얘기가 '기레기'라는 얘기가 그 당시 만들어진 거잖아요. 카메라 체육관 위에, 단상에 설치해 놓고 계속 가족들 다 찍고, 그다음에 기자들 안에, 계속 체육관 안에 들어와서 여기저기 그냥 다니면서 가족관계 어떻게 되느냐, 누구냐 그렇게 얘기하면서 그런 얘기부터 시작해서 다 캐고 다녔던 [기자들도 있었어요].

면담자   아버님도 혹시 그런 기자들 만난 적이 있었나요?

중근 아빠   연락 오고 그런 거 있었는데, 저는 일단 인터뷰라든가 이런 거는 저는 다 거절했어요. (면담자 : 그 당시에는?) 예. 일단 명함 주면 명함 받고 그러냐고 얘기하고 인터뷰는 다 거절하고.

면담자   거절한 특별한 이유가 있으셨어요?

중근 아빠   그 당시에는 언론에 대한 불신이 있었죠, 당연히. 첫날부터 나오는 얘기가 잘못된 오보부터 시작해서 나오고, 그다음에 그날 저녁인가 그다음 날 저녁부터 일명 금전 얘기가 계속 나오면서 프레임이 바뀌어갔잖아요? 아이들의 구조 상황이라든가 이런 것들에 대해서 지금 어떻게 되고 있는지 그런 내용들은 정확하게 안 나오고 금전, 보험금이라든가, 금전 얘기 이런 걸로만 묶어서 넘어갔잖아요? 그리고 조금 지나서 유병언이나 계속 그런 프레임으로 국민들한테 보는 시각, 듣는 시각을 다 바꿔버렸단 말이에요. 구조 실제 상황이 어떤지 어떻게 되어가고 있는지 그런 내용들은 언론에 잘 안 나왔단 말이에요. 가족들한테도 많이 속였는데, 그게 제대로 나가겠냐고요. 당시 기자들은 구조 상황보다는 거기에 있는 가족들 실상이라든가 이런 것들을 위주로 많이 해서 내보내고 그러니까, 저는 그런 것들이 싫었던 거예요. 심지어 저는 누구 인터뷰도 거절했냐면, 지금 JTBC 손석희 대표 인터뷰도 저는 거절했어요.

면담자   직접 내려와서 있을 때?

중근 아빠   거기에 있을 때죠.

면담자   아이 이름 때문에 인터뷰하자고 하는 것도 있지 않
았나요?

중근 아빠   아이 이름 땜에도 그랬었고요, 그 당시에 처음에는 실
종자·미수습자 가족 대표를 하고 있을 때였어요. (면담자 : 시간 좀 지
나서?) 좀 지나서 그걸 하고 있을 때였기 때문에 저한테 언론에서 인
터뷰하자고 많이 얘기가 있었던 상황이죠.

면담자   그때도 안 하셨어요, 아버님?

중근 아빠   아니, 그때에는 다 거절한 건 아니고, 어차피 알려야
될 건 알리고 저기 했기 때문에.

면담자   그때 어머니는 어떠셨나요?

중근 아빠   그 전에는, 사고 전에는 그래도 나름대로 건강하고 저
기 했어요. 근데 거기 내려가서 그 좁은 공간에 앉아 있고 활동, 어
디 움직여야 체육관 밖에 나가서 잠깐 있고 들어와서 계속 앉아 있
고 앞에 모니터만 보고 있고, 아니면 그 옆에 있는 가족들하고 잠깐
얘기하는 그거밖에 없잖아요? 안에 공기 탁하고 그러다 보니까 건강
이 안 좋아질 수밖에 없죠.

면담자   그 당시에 진도에서 병원을 가셔야 되거나 그 정도 상
황까지는 아니었어요?

중근 아빠　　　한 번 입원했었어요. 그 당시에 진도에 있는 병원이 아니라 목포에 있는 한국병원에 5월 초에, 5월 초에 애기 엄마는 폐 이쪽으로 안 좋아져서 그 당시 입원을 하게 됐고, 저는 다른 걸로 같이 입원을 했죠. 저는 가슴이 타박이 와가지고, 갈비뼈[가] 부러진 건 아니고 약간 금이 가서, (면담자 : 몸싸움이 있으셨나요?) 몸싸움보다 현장 바지선에서 이제 팽목으로 오려고 경비정으로 옮겨 타야 되는데, 그날따라 풍랑이 심했어요. 그래서 바로 경비정으로 옮겨 타진 못하고 조그만 단정이 있잖아요? 단정으로 옮기고 이렇게 가야 되는데, 바지선에서 단정으로 옮겨 타는 과정에 처음에는 딱 고정되어 있어 별로 움직임이 없었잖아요. 바지선에서 발을 딱 뛰어서 내리는데 단정이 움직인 거야, 그래서 단정의 오른쪽 앞머리 오른쪽에서부터 거기서 떨어져서 단정 왼쪽으로 그냥 구른 거죠. 그러면서 어딘가 모르겠는데, 어떤 물체인지 모르겠는데 가슴 타박을 당한 거예요. 그러면서, 이 가슴통증이 있는 것도 애기 엄마한테 숨기고 얘기하지 말라고 그래 갖고 진도에 있는 병원에 가서 엑스레이 찍는 것도 얘기 안 하고 몰래 가서 찍고 오고…. 그거는 어차피 이게 금방 낫는 게 아니라서 이게 움직이지 말고 쉬어야 되는 상황인데 그렇지 않고 계속 움직이고 기침하고 타박상 약 먹고 그러니까 무슨 일이냐고 그래 갖고.

면담자　　　그때까지도 말씀을 안 하시고요?

중근 아빠　　　안 했어요. 어차피 저는 계속 왔다 갔다 하면서 해야 되는 상황이라서 그걸 얘기하면 걱정하고 그러니까 아예 얘기를 안 했던 거예요. 그래서, 저도 그날 거기서 바다에 그냥 빠져 들어갈 수 있는 그런 위험한 상황이었어요, 그랬어요, 어차피 바지선에 있는 사람들 저희가 나가니까, 타고 나가는 거를 지켜보잖아요? 거기서 구르는 걸 본 사람은 완전 난리 났더라고요, 다들 놀라가지고.

면담자   병원 왔다 갔다 하는 거를 며칠 동안 하신 거예요?

중근 아빠   그렇죠. 통증이 있어서, 그래 가지고 단순히 그냥 타박 통증인지 금이 갔는지 이거는 어차피 확인을 해봐야 되는 상황이라서, 그래서 부러진 거는 아니고 약간 단순히 실금 정도 간 걸로 확인이 돼서…. 저도 예전에 그 정도는 겪어본 경험이 있어서 다 알거든요.

면담자   나중에는 어머님께 이실직고하셨나요?

중근 아빠   그때는 시간이 좀 며칠 지나고 그랬으니까, 그나마 그때는 얘기를 해도 되겠다 싶어서 얘기를 해준 거죠.

면담자   그러면 그 뒤에 어머니가 먼저 입원하신 거예요?

중근 아빠   아니요, 같이 입원했어요. 왜 그러냐면 그 당시에 4월 말, 5월 초에 태풍인가 풍랑이 심하게 한다 그래서, 기상이 나빠진다고 해서 바지선도 철수하고 그러는 상황이었어요, 그 당시에. 그다음에 국회에서 국조위[국민조사위원회] 내려온다고 그런 얘기도 있었는데 어차피 현장에서는 철수하니까 크게 저기 할 건 없잖아요. 그렇다고 기상 나빠지고 그러는데 "그러면 우리도 그냥 기상이 다시 좋아지고 바지선은 현장에 투입되고 저기 할 동안 그냥 2, 3일 그냥 병원에 입원하자" 그래서 같이 병원에 입원한 거죠.

면담자   진도대교 행진할 때는 아버님 밖에 나가셨나요?

중근 아빠   저는 체육관에 있었어요. 저는 안 갔어요.

면담자   어떤 이유가 있으셨어요?

중근 아빠   글쎄요, 저는 다른 생각은 안 했고 그냥 체육관에 있는 게 낫겠다 싶어서 같이 가지는 않고 그냥 체육관에 있었어요.

<h1 style="text-align:center">5</h1>

체육관에서 중근이를 기다리는 동안의 기억

면담자   어머니도 거의 아버님하고 같이 계셨나요?

중근 아빠   예, 같이 계속 있었죠. 애기 엄마는 체육관에 거의 다 있었고 저는 그래도 어차피 움직이고 저기 했었으니까 진도군청, 팽목, 그다음에 바지선[으로 왔다 갔다 했죠]. 계속 저는 낮에는, 초창기에만 낮에는 거의 같이 있었고 그 이후로 저희 실종자 가족 대표 하고 뭐 하고 하면서부터는 더 바빠지게 된 거예요. 그러면서 아침에 눈뜨면 밥 먹고 나갔다가 바지선에 들어갔다가 거기서 자고 오든지 아니면 (면담자 : 그러시기도 하셨어요?) 그렇죠. 아니면 거기서 있다가 나와서 팽목에서 브리핑, 아니면 체육관에서 브리핑을 하잖아요? 그러면 브리핑할 때 와서 얘기 듣고, 아니면 제가 따로 가족들한테 전달, 얘기 [듣고] 했으면 전달해 주고, 의견 결정 사항들 범대본[범정부사고대책본부]에 [전달]하고 그렇게 계속 시간을 보냈어요.

면담자　　일주일 정도 지나고 아이들이 많이 올라오는데, 중근이는 언제 오나 하는 그런 생각도 하셨나요?

중근 아빠　　그 당시에 제가 한 얘기 때문에, 저는 애기 엄마랑 가족들한테, 우리 집 가족들한테 무지하게 원망을 받은 게 뭐냐 하면, 애가 덩치가 체격이 70, 한 80[킬로]되고 몸무게도, 덩치가 좋아요. "덩치도 좋고 순발력도 있고 저기 하니 아이들 계속 찾고 저기 하는데 너무 걱정하지 말라"고, "애가 안 나오는 거는 다른 애들 먼저 다 내보내고 지가 제일 마지막에 나오려고 그러는가 보다" 제가 그렇게 얘기를 했어요. 근데 이게 말이 씨가 됐는지 늦게 찾았잖아요. 그거 때문에 저희 가족들한테 원망을 무지하게 받았고, 중근이를 찾아서 올라오는 날 애 보내고 제가 진도 내려갔었을 때 남아 있는 가족들한테 제가 얘기 듣는 게 뭐냐 하면, "아이들 다 찾아서 보내고 중근이 데리고 올라간다더니 왜 중근이 먼저 찾아갖고 올라갔냐"고 그런 얘기까지 듣게 됐어요.

면담자　　이쪽 가족들한테 원망 듣고, 남아 있는 가족들한테도 서운한 마음 드셨겠네요.

중근 아빠　　그렇죠. 근데 저는 처음에 그런 얘기를 꺼낼 때는 '아이들을, 다른 아이들 먼저 찾게끔 애가 도와주고 지는 나중에 나오려나 보다' 그런 뜻으로 저는 얘기를 했었던 건데, 그 말이 안 좋게 된 거죠.

면담자　　　정말 그렇게 생각을 하셨어요?

중근 아빠　　　걱정이 됐죠. 근데 왜 그랬냐면 일주일, 열흘 이렇게 지나면서 저희 단원고 학생이 250명인데, 그 기간 동안에 아이들 많이 찾았잖아요. 제가 16일, 일주일인가 열흘 지나서 실종자 가족 대표를 할 때 [안 올라온 사람들이] 일반인까지 합쳐서 4, 50명밖에 안 됐어요, 일반인까지 다 합쳐서. 그때 한 4, 50명이었단 말이에요, 일반인 빼고 나면 저희 학생은 한 30명, 35명밖에 안 됐다고, 그 짧은 시간에 많이 찾아서 올라갔다고[요]. 그래서 그때부터 시간이 일주일 이렇게 짧게는 5일, 일주일, 열흘 지나면서는 '우리 아이를 못 찾으면 어떨까. 우리 가족이 제일 마지막까지 남으면 어떡할까' 그런 생각이 계속 드는 거예요. 전에도 말씀드렸듯이 그런 생각이 든 게 짧게는 5일, 일주일, 열흘…. 근데 그때 그 무렵에 아이들을 대부분 찾아서 올라갔단 말이에요, 일반인도 그렇고. 얘기했듯이 제가 실종자 가족 대표 할 때[였어요].

면담자　　　대표를 맡으신 게 어느 시점인지 기억나세요, 아버님?

중근 아빠　　　그게 4월 20일에서 25일 이때인 거 같아요. 그러니까 4월 25일 전후였던 거 같아요.

면담자　　　그때 정말 아이들 많이 나왔으니까.

중근 아빠　　　그러니까요. 그래서 그때부터는 304명, 학생은 250명 중에 전체 합쳐서 4, 50명밖에 안 남았을 때니까, '그 나머지 인원들을 찾기가 점점 더 힘들어지는 거 아니냐', '그런데도 우리 아이가 제일 마지막까지 남아서 저기 하는 거 아니냐' 이런 불안감이 계속 들어갔던 거예요, 그 당시에. 더 힘들어지는 거죠. 왜 그러냐면 아이들을 찾을 때 그만큼 수색을 하면서 수색 공간을 많이 [훼손]했잖아요? 근데도 안 나온다고 하면 어디에 가 있는지 모르는 거죠, 그렇기 때문에 더 힘들어지고. 그 당시에 봄에서 여름으로 가면 날씨도 태풍이나 이런 거 때문에 안 좋고, 고온으로 가는데 날씨가 더워지잖아요? 바닷속이라고 안 그렇겠어요? 수온 어차피 올라갈 거 아니에요. 그런 거, 그다음에 시간이 지나면 지날수록 물에 오래 있으면 또 부패되는 거, 이런 것도 생각을 해야 되는 거고….

면담자 실종자 모임은 언제부터 만들게 됐던 거예요?

중근 아빠 5월 전부터 어차피 '실종자'라고 얘기가 됐던 거죠. 사고가 났을 때는 어차피 사고 '피해자' 이렇게 했었는데 아이를 찾고 나면 바로 '유가족'으로 됐고, 못 찾았으면 '피해자 가족' 그리고 어느 순간 보면 '실종자 가족' 이렇게 [부르게 되었죠]. 초기에는, 아시겠지만 사고 당일[부터] 이틀, 3일 [지나서] 아이들을 찾아서 가면 짧은 그 시간에는 안타까운 마음이 있었지만, 3일 지나면서부터는 그래도 "찾아서 다행이다. 찾아서 다행이다" 그렇게 해서 올라가고, 올라가는 부모들은 남아 있는 가족들한테 "우리만 먼저 찾아서 올라가게 돼서 미안하다" 이게 당시에 인사였다고.

면담자 옆에 계셨던 가족분들, 특히 수빈이네도?

중근 아빠 수빈이네도 늦게, 늦게 찾았죠. 저희하고 한참 있었죠. 저도 어차피 그 모습을 보고, 제가 거기에 생활을 했으니까 어떤

지 잘 아실 거고, 그 많던 체육관에 비좁고 저기 하던 그 공간이 아이들 한 사람, 한 사람 가족들 찾아가면서, 내려왔던 가족들 빠져나가는 공간이 쭉 보이잖아요? 보이면서, 어느 날은 체육관 들어가면서 왼쪽이 다, 왼쪽은 다 비우고 오른쪽으로, 한쪽으로 가족들 다 넘어오고 [했어요].

면담자   한쪽으로 모이게 하셨던 거예요?

중근 아빠   아니, 그쪽에만…. 이게 체육관 들어가면서 좌측에 실질적으로 우리 저기 뭐야 미수습자 가족들이 몇 분 없는 거야. 그러니까 "한쪽으로 다 모여서 같이 있읍시다" 그렇게 해서 저기 했던 거죠.

면담자   그럼 아버님도 이동을 하신 거예요?

중근 아빠   저희는 체육관 들어가면서 오른쪽에 계속 있었으니까 그쪽에 그대로 있었고.

면담자   왼쪽에 계신 분들은 거의 다 가시고 섬처럼 띄엄띄엄 있으니까?

중근 아빠   그러니까요. 그런 모습들을, 시간이 지나면서 점점 그 넓은 공간에 가족들은 그렇게 두루두루 많았다가 더 공간에 [사람들이] 없어지고, 토마토 방울 속이 빠지듯이 그렇게 빠지는 [상황이된 거죠].

면담자   초기엔 DNA 검사도 하지 않은 상태에서 인상착의만 알려주면 확인하고 그러셨다던데.

중근 아빠   예, 저는 실제 아이들이 올라오는 팽목항 그 안에, 처음에 올라오면 시신안치소 있잖아요? 저는 거길 한 번도 안 갔어요, 가서 그 모습을 보고 싶은 생각도 없었고. 그래서 그거를 보려고 그러면 체육관에서 팽목을 가야 되거든요? 실제 팽목으로 가서, 거기 가서 다른 아이들이나 이런 거 보고 싶은 마음이 전혀 없어서 한 번도 안 갔어요.

면담자   인상착의가 혹시 아닌가 하는 그런 것도 없으셨던 거죠?

중근 아빠   그 당시에 저희 아이는 인상착의를 구별할 수 있는 게 제일 확실한 게 있었어요. 치아교정을 하고 있었거든요? 치아교정은 대부분 밖에 보이잖아요? 밖에 보이는데 저희 애는 안 보이는 안쪽으로 해서, 치아교정을, 치아교정 저기를 해줬[어요], 틀이 있어요. 그래서 그거 있고, 맹장 수술한 자국 있고 근데 저는 당시에는 인상착의 적어놓을 때는 생각도 못 했던 혁띠 버클, 여행 가기 전에 사줬다 했잖아요? 저는, 저도 그렇게 애기 엄마도 그렇고 그거는 생각지도 못했거든요. 그거는 인상착의 낼 때 적어주질 못한 상태에서 그렇게 알고 있었고, '다른 아이들하고는 제일 특징이 있는 게 어차피 치아교정기다' [하고 생각하고 있었죠].

면담자   미리 적어 내신 거잖아요? (중근 아빠 : 미리 적어 낸 거죠.) 미리 적어 내시니까 그게 아니면 확인하실 이유가 없었겠네요.

중근 아빠   어차피 아이들도 250명이지만 찾아가고 남아 있는 아이들, 가족들 어차피 인상착의는 나중에 시간이 지나면서 어차피 다 알게 되는, 어느 정도 알게 되잖아요. 근데 거기에 치아교정을 한 애는 없었어요, 그 당시에는. 그래서 "저희 아이는 치아교정이 있는지 없는지 그 내용 가지고 확인하면 된다" 그렇게 얘기했던 거고 확실했던 거고요.

면담자 맹장 수술해서 자국도 있었고?

중근 아빠 근데 요새는 옛날처럼 맹장 수술 같은 경우 개복하고 그런 게 아니라, 그걸 뭐라 그러지? 구멍 이렇게 세로로 뚫어가지고 그렇게 해서 하거든요. 그래서 흉터도 많이 안 남아요, 회복도 빠르고.

면담자 몇 살 때 한 거예요?

중근 아빠 중근이가 중학교 때 했죠.

6
바지선 수습 작업과 잠수사들의 상황, 그리고 다이빙 벨

면담자 아까 두 분이 병원 입원하셨다고 했는데 휴식이 되셨나요? 아니면 더 답답하셨나요?

중근 아빠 어차피 저는 쉬어야 되는, 어차피 그 가슴뼈 타박이었던 거고 애기 엄마도 어차피 체육관의 생활을 벗어나서 병원이지만 나와서 있는 게 다행이었고…. 병원에서 계속 필요한 조치를 해서 나아지기는 했어도 그때의 후유증이 아직도 있기는 해요.

면담자 병원에는 며칠 계셨어요?

중근 아빠   그때 한 3일인가, 4일 있었죠. (면담자 : 오래 계시지는 않았네요.) 그게 왜 그러냐면 바지선이 기상이 나빠서 철수를 했다가 다시 들어가면, 들어간다고 그래서 바로 작업할 수 있는 게 아니고 들어가더라도 준비하고 뭐를 하면 시간이 걸리잖아요? 그 시간 동안만 저는 병원에 있다가 가는 상황이었으니까.

면담자   바지선에 정기적으로 나가게 되신 건 어느 때부터 나가셨어요?

중근 아빠   일단 제가 바지선 나가게 된 거는, 현장에 간 거는 17일 날 한 번 갔다 왔었고요, 그다음에 그거 말고 18일, 19일인가 한 번 더 갔다 올 기회가 있어서 갔다 왔었고, 실제 제가 정기적으로 다닌 거는 한 일주일, 열흘 뒤[에]서부터 생각하시면 돼요, 한 일주일 정도 뒤?

면담자   그때는 남아 있는 가족분이 왔다 갔다 하신 거예요?

중근 아빠   예, 바지선에 가는 거는 본인이 가고 싶[으면], 팽목에서 [배] 나가는 시간이 있거든요? 그 시간에 자기가 가겠다고 하면 어차피 다 갈 수 있는 상황이었으니까.

면담자   바지선 가서 작업하시는 거 보시니까 어떠셨어요?

중근 아빠   현장을 가보지 않고 팽목이라든가 체육관에서 작업 사항이 어떻다, 작업이 어떻게 진행되고 있다 이런 내용들을 그냥 듣는 거는, 실제 안 듣는 거만 못해요. 현장에 실제 가서 현장 작업 상황이 어떻게 돌아가고 잠수부라든가 이런 사람들이 작업을 어떻게 하는지 그거를 실제 봐야 얼마나 어려운가, 힘든가를 알 수가 있는 거죠. 그 작업 시간이, 잠수 한 번 잠수부가 들어가서 할 수 있는 시간도 얼마 안 되고, 실제 작업할 수 있는 작업허용시간도 얼마 안 되고.

면담자   작업을 다 보는 건가요?

중근 아빠   계속 보고 있는 거죠.

면담자   작업 방식을 그때 구체적으로 알게 되신 거죠?

중근 아빠   그렇죠. 그래서 그런 상황을 계속 보고 작업환경 여건이 얼마나 열악한지를 알기 때문에 저희 가족들은 잠수부한테 모든 거를 맡길 수밖에 없었고, 잠수부들한테 "저희는 당신들만 믿습니다" 그렇게 얘기하고 플래카드 걸어놓고 그렇게 했던 상황[이었죠]. 그래서 잠수부들이 하루에 들어가 봐야 짧은 시간 저기 하고, 깊이도 있으니까 압력 때문에 많이 작업 못 하고, 그래서 나중에 실질적으로 너무 잠수를 많이 하고 이래서 잠수병 걸린 사람들 지금도 많잖아요, 치료를 받고 있고.

면담자   직접 보는 것과 설명으로 듣는 것과는 많이 다른 거네요.

중근 아빠   그렇죠, 차이가 있죠. 그것도 잠수하는 방법도 일반 잠수부들이 쓰는 장비하고 해군들이 쓰는 잠수 장비하고는 틀려요[달라요]. 그래서 실제 배 안에 들어가서 활동을, 움직일 수 있는 이게 조금이라도 편한 거는 일반 잠수부들이 쓰는 거[예요]. 해군들이 쓰는 거는 장비는 그게 불편해요. 근데 안정성은 해군들이 쓰는 장비가 안정성이 있어요, 그런 차이가 있더라고요.

면담자　　아버님은 다이빙 벨에 대해 어떻게 생각하셨어요?

중근 아빠　　처음에 다이빙 벨을 하겠다고 했는데 저는 처음에는 '아, 해보는 것도 좋겠지' 했어요, '해보는 것도 좋겠지' 했어. 근데 다이빙 벨을 하려고 하면 실제 기상이 좋을 때 해야 되는 상황이고 파도가 잔잔할 때 해야 되는데, 그걸 다이빙 벨을 잔잔한 시간에 하려고 하면 이쪽에 구조하는 잠수부들이 실제 잠수를 못 해요. 왜 그러냐면 이 다이빙 벨 안에 들어가잖아요? 들어가는 동안에 어떤 일이 일어나서 실제 잠수하는 사람들한테 어떤 피해를 미칠지 모르니까, 이 다이빙 벨에 들어가서 어떤 저기를 할 때는 테스트를 해야 되잖아요? 실제 그 여건에서 실제 해본 적이 없잖아? 테스트부터 해야 되잖아? 그 당시에 다이빙 벨 얘기 나오면서 저거 테스트해서 '성능이 좋다' 이런 얘기 검증이 돼야 될 거 아니에요? 그거를 검증이 안 된 상태에서 어떻게 그거를 투입을 하고 뭘 하겠냐고. 테스트하고 검증하기 위해서는 파도가 잔잔한 시간에 실제 걔를 해야 되는 상황인데 그거를 하려 그러면 실제 구조하는 잠수부들이 잠수를 못 하는 거예요. 그러면 저희들은 가족들은 실제 잠수부들이 들어가서 구조 활동을 하는 것도 원하지만 다이빙 벨도 원하는 거예요. 근데 그거를 둘을 다 만족을 못 하는 거지, 한쪽을 포기가 돼야 되니까.

면담자　　추가 인력이 오거나 할 수 있는 여건은 아니었어요?

중근 아빠　　그건 아니었죠. 이게 잠수부들이 인원들이 많이 오면 좋은 거는 뭐냐 하면 잠수부들이 이 잠수를 할 수 있는 하루 허용 횟수, 시간이 있단 말이에요. 그거를 만족하게 해주기 위해서는 잠수부들이 많이 오는 건 좋아. 근데 잠수부들이 많이 있다고 다 좋은 게 아니라, 기상이 하루에 잠수할 수 있는 전체 시간이 딱 한정이 되어 있잖아요. 여기 서해 이쪽 인천 앞바다 가보면 파도가 치는 게 어떨 때는 높고 하잖아요? 거기는 여기에 비하면, 진도 거기는 상당히 되게 심해요, 파도 속도라던가 파고 높이도. 그래서 하루에 실제 잠수를 할 수 있는 그 시간이 하루에 두 번? 아니면 세 번? 24시간 중에. 어떨 때는 길게 나오면 네 번, 어떨 때는 한 번도 안 나올 때가 있어요.

면담자   그럼 한 회에는 몇 시간 들어갈 수 있어요?

준근 아빠   그것도 시간이 정해진 게 아니에요. 잠수를 할 수 있는, 24시간 중에 잠수를 들어갈 수 있는 실제 허용된 횟수도 어떨 때는 한 번도 없고, 많으면 네 번까지도 나오고. 그 들어가서, 그 회에 들어가서 할 수 있는 잠수 타이밍 시간도 그것도 딱 정해진 게 아니에요, 이 조류에 따라서 틀리니까. 그래서 한 번 잠수부가 들어가서 실제 작업하는 [최대] 시간은 정해져 있잖아요. 들어가고 올라, 내려오고 올라올 때 어차피 기압 차이 때문에, 내려갈 때는 그나마 다행인데 올라올 때는 기압차 때문에 이 시간을 지켜가면서 올라와야 잠수병을 안 걸리게 해서 그분을 지킨다고요.

　　근데 시간 있죠? 실제 그 사람이 배 안에 들어와서 어느 구역을 하겠다고 하면서 위에서 도면을 놓고 본인은 들어가서 어디 어디 찾아보자 이렇게 얘기를 한단 말이에요, 잠수하기 전에 미리 다. 근데 그렇게 얘기를 해도 그 안에 들어가면 어둡잖아요. 깜깜하니까 손으로 짚고 '아, 어디쯤인가 보다' 하고 들어가. 찾다 보면 실제 어떤 장비도 없고 자기 손으로만 하는 건데 그 안에 들어가서 그냥 헤매고 들어가서 찾아보고 이따가 시간 되면 그냥 올라와야 된단 말이에요.

그 사람 올라온 다음에 다른 사람 준비해서 들어가, 실제 한 번 잠수 타이밍 왔을 때 들어가는 사람이 많이 들어간 게 한 여섯 명? 여덟 명? 한 타임에 이렇게밖에 들어간 거 못 봤어요. 이게 '잠수 로그'라고 해가지고 기록이 있거든요. 그래서 다른 데 사람들 보면 "왜? 잠수 얼마든지 할 수 있는 거 아니야? 하루에 몇 번씩 계속 들어갈 수 있는 거 아니냐" 이렇게 얘길 하는데 풍랑이라든가 파고 높이라든가 조류 세기에 따라서 들어갈 수 있는 타이밍이 진짜 제한이 되어 있어요. 그래서 많이 못 하는 거예요. 그러다 보니까 시간이 계속 늦어지고, 늦어지고 이렇게 된 거죠.

면담자   잠수 상태에서 현장을 수색하는 건 최장으로 어느 정도까지 가능해요?

준근 아빠   한 사람이 한 번 잠수해서 들어갔을 때 5분인가? 5분인가 10분? 5분인가 10분 이 사이였던 거 같아요. 실제 길지는 않아요. 이게 실제 들어갈 때, 들어갈 때 배까지 도착하는 거는 10초에요, 10초 이내로 도착을 해요. 배까지 도달하는 거는, 입수는 빨라, 입수는 빨라. 근데 올라오는 타이밍은, 올라오는 타이밍은 압력 조절을 해야 되는 시간이 그거는 지켜야 되거든. 그러니까 그 시간을 지키기 위해서 실제 배 안에 들어가서 수색하는 시간이 짧아지는 거죠. 얼마 안 되는 거야.

면담자   30분도 안 되는군요?

중근 아빠   안 돼요, 안 돼요. 그래서 그런 거를 많이 하기 위해서 "다이빙 벨을 하자, 쓰자" 그런 얘기가 있었는데, 그거를 다이빙 벨을 무조건 투입할 수 있는 상황이 아니었거든, 깊이도 있고 조류 세기도 있고. 그걸 이렇게 안정성이 확보가 안 되어 있던 상황이죠. 그래서 그거를 확인하려고 테스트하는 동안은 실제 잠수하던 이 인력은 다 대기[를 해야 해요]. 잠수 못 한다는 거죠. 그래서 한쪽에는 "다이빙 벨을 넣어서 해달라" 그런 얘기로 서로 가족들끼리도 서로 싸움이 있었던 그런 상황이었던 거예요, 다이빙 벨은.

면담자   아버님은 어떤 입장이셨어요?

중근 아빠   새로운 장비가 더 들어와서 수색을 할 수 있는 여건이 만들어지면 저도 좋다고 생각을 했어요. 근데 그 여건을 만들어주려고 하면 준비 과정에 여기서는 작업을 못 한다는 이런 단점이 생겨서 그거를 일단 테스트를 해보기는 하는데 이거는 다 안 되겠다고 어차피 생각을 한 거죠. 그런 저기도 있고 서로 여건이 안 맞아서 다이빙 벨은 철수해 버리게 된 거죠.

면담자   다이빙 벨 안에 들어가서 시험을 해보지는 못했던 거죠? 넣어보기는 했었던가요?

중근 아빠   넣어보기는 했죠. 넣어보기는 했는데 넣을 때에 이 조류 세기에 밀려서 안정성이 많이 떨어졌어요.

면담자　　　인력을 막았다고 해경이나 언딘 쪽에서 투입을 원하는 잠수사들을 막았다는 그런 주장이 있던데요?

중근 아빠　　　아예 없었던 건 아니고요. 제가 전체적인 거를 정확히 다 아는 상황은 아닌데 어차피 [막았던 적이] 있었던 건 사실이에요, 정도의 차이만 있겠고.

면담자　　　언딘하고만 계약이 되어 있는 문제도 있었겠지만 실제로 위험하다 보니 민간 잠수부를 받아줄 수 없는 그런 것도 작용하지 않았나요?

중근 아빠　　　근데 잠수부, 민간 잠수부들이 자원해서 많이 오기는 했던 걸로 저도 알고 있고요. 왔지만 실제 현장에 투입 못 된 사람도 많고, 능력이 안 되어서 그냥 돌아가신 분들도 있고 저기 한데, 그래도 그나마 제일 먼저 투입되고 했던 그 사람들이, 구성된 팀이 진짜 능력이 좋더라고요.

면담자　　　그 팀은 어디였어요? 88[수중]인가요?

중근 아빠　　　아니 아니, 88 말고 한국수중? 회사 소속 이름은 제가 지금은 기억을 잘 못하겠는데 그것도 언딘은 아니에요. 언딘 소속 저기 사람들이 아니라고. 근데 잠수부 총괄 담당하던 사람[공우영 잠수사가] 나중에 고소당해 가지고 그러니까 그런 상황도 갔었잖아요. 유성, 유성[수중개발]인가? 그분들이 다 거기 잠수 오신 분들이 다 공[우영] 잠수사님 회사 소속이 아니에요, 회사 소속이 아니에요. 그 사람들이 어차피 친분이 있는 사람들이었기 때문에 와서 같이 일하게 된 거고, 잠수사 대표로는 어차피 공 잠수사님[이 하시는] 유성이 언딘하고 계약, 언딘이 정부하고 계약, 이렇게 계약관계가 되어 있었는데, 실질적으로 종이 사인은 처음에는 없었던 걸로 저는 알아요. 중간에 나중에 바뀌[어서] 계약서를 쓰는데 '계약서 내용은 비공개. 어디든 공개하지 말라' 그렇게 된 거죠. 그 계약서가 어떻게 작성이 되었냐면, 88[수중이] 들어올 때 금액 차이가 났다고 하더라고요. 그런 거 때문에 말이 좀 많았던 거 같아요.

면담자   88수중은 공 잠수사님 팀이 나가고 난 뒤에 들어온 건가요? (중근 아빠 : 나중에 들어온 거죠, 그렇죠.) 나중에는 88하고 언딘이 주로 많이 하지 않았나요?

중근 아빠   바지선이 틀렸죠, 언딘 바지선이 있고 88 들어오는 바지선이 있었고. 언딘 바지선 내에 공 잠수사님 팀이 거기서 일을 하게 돼[서 잠수를] 하고 있었던 상황이고요, 88은 나중에 들어왔고.

면담자   아버님 보시기에는 현장에 맞게 하시는 팀은 초기에 오신 분들인가요?

중근 아빠   초기에 오신 이분들이 제일 [잘 하셨는데] 근데 안타깝게도 나중에 이분들이 쫓겨났잖아요. 쫓겨나고 88에서 전체적으로 다 하는 그런 상황이었고….

면담자   잠수하다가 중간에 희생되신 분은 그 팀 소속이셨던 거예요?

중근 아빠   그렇죠. 저기 뭐야, 나중에 따로 잠수사 한 분 들어오셨다가 사고당하신 분 있잖아요? 그분은 기존에 있던 거기 팀 소속이 아니었어요, 따로 오신 분이에요. 따로 오셔서 자원해서 오셔가지고 했다가 사고당하시고, 참 아이러니한 거예요. 새로 오신 분들이 있으면 실제 작업을 투입하기 전에 안전이라든가 이런 건강 문제다 고려를 해서 하게 되는데, 그 당시에 [제가] 그 현장에 없었기에, 없었으니까 그것까지는 잘 모르겠는데, 어떻게 해서 바로 그렇게 투입이 됐고, 사고가 실제 [어떻게 하다가] 그렇게 발생하게 됐는지는 정확하게 모르죠.

면담자　　사고가 중근이 찾고 나서였나요?

증근 아빠　　그게 전인가 후인가, 아마 6월 말, 7월 초 될 거예요. 그때는 저희는 없을 때고 기존에 잠수하는 잠수[사] 분들은 있을 때였고. 진짜 짧아요, 하루에 잠수할 수 있는 시간은. 타이밍도 진짜 아까 말씀[드린 대로] 많으면 하루 24시간에 네 번 정도? 많은 게.

면담자　　시간으로 따져도 최대 40분밖에 안 되는 거잖아요.

증근 아빠　　그 한 타이밍, 한 타임에, 한 타임에 들어가서 한 번 들어갈 수도 있고, 아까 얘기했듯이 여덟 번도 들어가는 기록도 본 경우가 있어요, 한 타임에 한 번에서 많게는 여덟 번. 근데 한 번 잠수하는 그 타임에 그 시간이 진짜 길어야 5분, 10분 이내? 10분도 진짜 긴 거예요. 그런 상황에서 그 넓은 잠수, 그 배 공간에, 처음에 인원이 많았을 때는 이 공간, 이 공간[에] 많을 거라고 생각되는 부분에 들어가면 가족을 찾아갖고 나왔어요. 근데 그 많은 인원들이 빠지고 몇십 명? 몇십 명 남았을 때는 그 넓은 공간에 어디 있는지 모르는 거죠. 그 사람들도 찾을 만큼 다 찾고 저기 했는데, 그때서는 어디에 애들이 [있는지 모르니까], 그러니까 이게 더 난감해지는 거죠.

면담자 당시에 어디를 먼저 할지도 문제가 정말 많이 되었죠?

중근 아빠 그래서 그거 때문에도 많이 가족들 내부에서도 다툼이 많았고요. 근데 저는 어차피 제 아이도 찾아야 되는 입장이지만 현재 남아 있는 실종자 가족 대표를 하면서 전체 의견을 다 듣고 조율을 해줘야 되는데, 어느 한쪽으로만 치우칠 수가 없잖아요. 그런 부분이 상당히 난감했었고 배가 좌측으로 해서 뒷부분이 더 많이 찌그러져 들어갔잖아요? 근데 앞부분, 중간부분, 뒷부분 하는데 뒷부분을 수색은 많이 못 했어요. 뒷부분이 안에 짐 이런 것들이 원체 많고, 그런 것 때문에 [그렇게] 된 상황인데, 그래도 앞부분은 격벽이 [있어서] 공간이 나눠져 있는 상태라서 벽이 안 무너지고 버틸 수 있는 상황이 됐던 거고. 이게 배가 가라앉아서 바닥에 닿을 때 뒷부분이 먼저 닿기 때문에 충격이 많아서 그래서 더 그쪽에 많이 쏠렸기 때문에, 그쪽 부분에 아이들이 있었던, 여자아이 반이 더, 그쪽 어머니들이 더 얘기가 많았던 거죠. "이쪽은 다른 부분들은 많이 했는데 이쪽 부분은 왜 못 해주냐. 이쪽을 수색을 더 많이, 인력을 투입해서 해달라"[고 했어요]. 장비 투입은 진짜 힘든 상황이었고 인력을 투입해야 되는데, 아까도 말씀드렸지만 하루에 들어갈 수 있는 타이밍이 몇 번밖에 없는데, 한 타임에도 실제 잠수 횟수는 몇 번 안 되는 상황에 이쪽에 뒷부분에 그 무너진 짐들을 어떻게 다 끌어내요. 이게 상당히 관건이었거든요.

면담자   처음부터도 절단기 같은 장비는 가져갈 수가 없는 거였나요?

중근 아빠   처음에는 그거를 쓸 생각도 안 했었고요, 절단을 하려 그러면 절단하는 시간 동안 수색을 못 하는 상황도 있고 그래서 그렇게 됐던 거죠. 처음에 초창기에 며칠은 잠수부들이 들어가면 가족들을 찾을 수 있는 확률이 높았어요, 높았단 말이에요. 근데 시간이 지나면서 실종자 수가 줄어들고 얼마 몇 명 안 됐을 때에는 그 넓은 공간에 어디 있을 줄 모르는 거고, 모르는 거고…, 특히 이 뒷부분은 많이 수색을 못 해서 어디에 있는지 모르겠다는 거지. 이 짐들을 치워야 하는데 짐들을 손으로 무작정 치울 수도 없는 거고 이런 상황들이 많이 있었던 거라서 실종자 가족들 중에서 그런 부분을 계속 주장을 해서 "위치를 서로 바꿔서 해달라", "이쪽에 더 집중해서 해달라" 그런 얘기들이 많았던 거예요.

7
실종자 대표로서의 활동

면담자   실종자 대표는 어떻게 맡게 되셨어요?

중근 아빠   제가 자원해서 한 거는 아니고 그냥 타인의 추천에 의해서 그냥 된 거예요(웃음). 제가 대표하기 전부터 바지선에 계속 다니고 있었잖아요. 그렇고 하다 보니까 어떻게 하다가 그렇게 됐어요.

면담자   동거차도 옆 바다 해역의 상황까지 잘 아는 분들이 많지 않았던 거죠?

중근 아빠   그렇죠.

면담자   대표가 되고부터 생활도 달라지시고 부담되거나 그러시지는 않으셨어요?

중근 아빠   아니, 더 힘들어진 거는 아는데, 어차피 제 아이를 찾는 일이고 제 아이뿐만이 아니라 어차피 같은 아이 친구들이고 가족들이잖아요? 어차피 가족들 찾는 일이기 때문에 그거를 힘들어도 할 수밖에 없었고, 해야 되는 당시의 사명이라고 생각해서 계속하게 된 거고….

면담자   대표가 해야 되는 업무에는 어떤 것들이 있었나요?

중근 아빠   일단 아침에 범대본 회의가 있어요, 범대본 회의가 끝나고 나면 다음에 대변인이 발표하고. 범대본 회의에 들어가서, 저뿐만이 아니고 다른 가족들 누구든지 일단 들어갈 수가 있어요. 다 들어가서 그 얘길 듣고 의견 개진할 수 있고 하는데, 그런 상황들을 범대본에[서] 각 부처별로 하는 얘기들을 들어보면서 어떤 문제점이 있는[지 살피고], 있다고 하면 문제점은 뭐고 어떻게 개선을 했으면 좋겠다 하는 내용들을 개진을 하죠. 그런 내용, 그다음에 잠수부들 생활, 생활에 대한 내용, 그다음에 작업환경을 어차피 개선을 해야 되는 내용들도 있고, 매일매일 기상예보들이 쭉 나오잖아요? 그러면 '작업을 더 할 수 있는 타이밍이 얼마나 될까' 이런 생각들을 계속하고요.

그다음에 작업환경도 그렇지만 체육관이라든가 팽목에 있는 가족들도 챙겨줘야 되는 사항들이 있어요, 그런 거 내용들. 아침에 대부분 바로 범대본 회의, 그러고 나면 거의 점심 때[라서] 보통 약간 이른 점심 먹고 팽목 넘어가서 팽목에 있는, 거기에 있는 가족들도 만나고 바지선 갔다가 들어오면 바로 팽목 거기서 브리핑을 하든지 아니면 체육관에 와서 가족들한테 내용, 브리핑하는 내용들 그게 그냥 계속 반복되는 거예요. 브리핑 장소도 한군데에, 체육관이라든가 팽목 어느 한쪽에서 가족들이 다 모여서 한쪽에서 하면 좋은데 나눠져 있다 보니까 양쪽을 다 해요. 어차피 저도 얘기해 줘야 되고 그런 건 불편함은 있었죠. 거리도 떨어져 있고 2, 30분 걸리잖아요, 이동하는 데.

면담자　　　오래 나뉘어 있었죠?

중근 아빠　　네, 처음부터 팽목에 자리 잡으신 분, 체육관에 자리 잡으신 분들 이렇게 있었고. 저희는 처음에 팽목에 있다가 시간이 오래 걸릴 거 같아서 체육관에 와 있는 게 낫겠다 해서 체육관으로 온 거고요. 빠지고, 빠지고 인원들이 남았는데 양쪽에, 한쪽은 몇 명, 한두 명, 이쪽은 좀 많고 이러잖아요? "한쪽으로 모읍시다" 그래가지고.

면담자　　　정부에서요?

중근 아빠　　아니, 정부도 그렇고 저희들도 그렇고, 제 입장에서도 그렇고, "한쪽에 다 같이 있는 게 좋을 거 같다" 이렇게 얘기를 했는데 반대[하시는 분들은] "못 움직이겠다. 그냥 있는 데서 있겠다"[고 하시는데] 그거를 어떻게 말려요.

면담자   그럼 계속 왔다 갔다 왔다 갔다 하실 수밖에 없었겠네요.

중근 아빠   네, 그리고 체육관에 있던 가족이, 어느 순간 여기서 알고 보니까 서로 가족들끼리 분쟁이 있었더라고요. 그래서 체육관에서 항구로 옮겨 가서 거기서 끝까지 생활하고 [했어요].

면담자   팽목에 계시는 분들은 컨테이너에 머무르셨나요?

중근 아빠   팽목에 있었던 분들은 이동식 주택 거기가 아니라 일반 천막, 천막이 어디 있었냐면 팽목 선착장에서 서망항 가는 길에 보면 주차장, 넓은 주차 공간 거기에 [있는] 텐트로 [가서] 거기서 생활을 했어요. 팽목이 생활이 되게 열악했었죠.

면담자   팽목항에 계시던 분들은 천막생활 하시다가 나중에 컨테이너가 들어오게 된?

중근 아빠   그렇죠. 이동식 컨테이너, 그 주택 있죠? 이동식 주택이 들어온 게 원래 팽목을 지원해 주려고 했던 거예요. 거기는 어차피 텐트생활을 하고 있다가 원체 생활이 안 좋으니까 그거를 팽목 선착장 옆에 있는 주차장 공간에다 놓고 해서 설치를 했던 거고, 체육관에 그게 들어온 거는 왜 들어왔냐면 그 넓은 체육관에 가족들은 몇 명 안 되게 남았잖아요? 안 되게 남았는데 그 안에서 하루 종일 거기 앉아서 있기가 되게 버거운 거야. 언론 기자들은 안에 못 들어오지만 위에 공간에서는 왔다 갔다 하면서 다 보잖아요. 그런 것들을 피하기 위해서 그거를 놓고 가족들이 이동식 주택에서 기거를 하는 거를 하기 위해서 체육관에도 그게 들어온 거예요, 체육관 밖에 그렇게. 그게 나중에 몇 동이 들어온 거예요.

면담자   팽목 들어가면서 체육관에도 같이 들어온 건가요?

중근 아빠   팽목이 먼저 들어가고요. 그래서 실종자 가족들 [조금] 있고 몇 명 안 남고 [해서] 그 휑한 공간을 좀…. 그래서 "위에 올라온 유가족들이 자주 내려가서 있어주면 덜 외롭지 않냐" 그래서 많이 내려오고 그랬어요.

면담자   기억나는 가족 있으세요, 아버님?

중근 아빠   저 있을 때요? 저 있을 때는 저희 반이 단체로 왔다 가는 경우 그렇게 있었죠.

면담자   자주 오시는 분들이나 오래 계시는 분들도 있었나요?

중근 아빠   자주 오는 사람들은 오는데 여기서 기거를 많이 안 하죠. 안 하고, 여기만 있는 게 아니라 팽목 갔다가 현장 갔다가 이렇게 돌아보고 가니까, 저 있을 때 만나면 '어, 왔었네' 이렇게 생각을 하지만 못 만나면 진짜 못 보는 거야.

면담자   긴 시간 정말 수고 많으셨어요. 일단 2회차 구술은 여기서 마치겠습니다. 감사드립니다.

3회차

2019년 3월 29일

시작 인사말

면담자　　　본 구술증언은 4·16 사건에 대한 참여자들의 경험과 기억을 기록으로 남김으로써 이후 진상 규명 및 역사 기술에 기여하고자 합니다. 지금부터 안영진 씨의 증언을 시작하겠습니다. 오늘은 2019년 3월 29일이며, 안산시 4·16기억교실 교육장입니다. 면담자는 김아람, 촬영자는 강재성입니다.

2

미수습 가족 대표를 내려놓음

면담자　　　아버님 지난주에 이어서 먼저 좀 여쭤볼게요. 진도에 계시다가 5월을 다 보내셨고 그 기간 동안에 병원에 입원하셨단 말씀을 지난주에 해주셨는데, 혹시 그 이외에도 5월에 계시는 동안에 또 중요한 일들 기억나시는 거 있으신가요?

중근 아빠　　　5월 중에 뭐 따로 크게 기억나는 저기, 대부분 없었고, 계속 바지선 갔다 오고 하는 그 일이 일상 반복이었으니까요. 그런데 그 와중에 이제 추가적으로 수습된 인원들은…, 숫자는 뭐 그 숫자에서 크게 줄어든 거 없이 계속 그대로 유지돼 있어서 부모들 마음만 더 안타까워 가는 시점이었어요. 학생들, 미수습자들을 찾지 못하는 그 시간들이 계속 반복이 되니까…, 또 수색해야 되는 범위라든가 이런 데가 많고, 어디서 발견될지 모르겠고, 그런 거 때문에 가족들이 '혹시 내가 끝에 남지 않을까?' 이런 불안감은 더 가중돼 갔던 그 시기라고 생각을 합니다.

면담자 아버님이 그때도 대표를 계속 맡고 계셨던 거죠?

중근 아빠 그때 한 5월 중순경, 5월 말 가기 전에 대표를 그만두게 됐어요.

면담자 아, 그거는 어떤 계기가 있으셨나요?

중근 아빠 그거는 뭐… 타의에 의해서 그렇게 된 거고요. 가족들 내부에 일부 저하고 의견이 안 맞아서 제가 이제 반강제적으로 안 하게 됐죠. 가족들, 남아 있는 가족들의 의견이 그렇고, 조율이 안 되고, 제가 '굳이 그런 상태에서 충돌을 계속 가져가면서 미수습자 대표를 할 필요가 없겠다' [싶기도 했어요].

면담자 그때 아버님이 대표를 그만두시게 됐을 때가 몇 가족 정도 남아 계셨을 때예요?

중근 아빠 그때가 열몇 가족이었던 걸로 기억을 해요. 많지 않았어요.

면담자 그때는 정말 급속도로 미수습자 수가 줄어들던 때였던 거네요.

중근 아빠 네, 그럼요. 미수습자가 많이 줄어서 얼마 남지 않았을 때죠.

면담자　　　　그때 그만두시면서 마음속에 갈등이 좀 있으셨을 것 같은데 '그래도 계속하자'는 마음은 없으셨어요? 아니면 그럴 수 있는 상황이 아니셨던 거예요?

중근 아빠　　　아니 뭐, 남아 있는 가족들이 일부가 그렇게 반발하고 그러는데 제가 뭐 굳이 그 사람들하고 맞서서 저기 할 필요는 없었고, 저야 어차피 저도 미수습자 [가족이]니까 '제 할 도리만 하면 된다' 싶어서 그거는, 미수습자 가족 대표 자리는 놔두고 그냥 제가 활동할 수 있는 내용들은 계속하겠다는 뜻으로 그냥 그만뒀죠.

면담자　　　　아무래도 그때 언론에도 보도가 되기는 했었는데, 어느 쪽부터 수색할지에 대해 의견이 나뉘었을 수 있을 거 같아요. 다른 부모님도 그런 말씀을 좀 하셨었거든요. 아이들이 이제 어디에 있을지, 반별로 선실이 또 짐작이 되다 보니까….

중근 아빠　　　그렇죠. 근데 선수 같은 경우는 많이 수습이 됐고, 몇 가족[이] 자기 아이가 머물렀던 방? 마지막으로 목격됐다고 하는 그 지점들이, 선수에서는 아이들이 거의 다 수습이 됐고요, 몇 명 안 남았고, 그다음에 중앙도 마찬가지고…. 근데 선미 쪽은, 선미 좌현 쪽은 진짜 거기는 수색을 못 하는 상황이었었으니까, 거기서는 우현 쪽에 있던 큰 짐들이 들어가서 다 눌려가지고 거의 못 했던 상황이라 거기를 좀 어떻게 해서든지 빨리 [수색]해 달라는 그런 요구사항들이 상당히 많았고요. 그래서 그런 거 조율하는 게 또 쉽지가 않았고, 네.

면담자　　　　게다가 또 대표를 하시던 시기에는 팽목항과 진도체육관을 계속 왔다 갔다 하셨어야 하는 상황이었고요.

중근 아빠   그거야 제가 어차피 하려고 했던 상황에 그런 양쪽으로 나누어져 있던 상황은 어쩔 수 없는 상황이었고, 뭐 체육관에 있는 부모들 의견도 분분하고. (면담자 : 거기서도 하나의 의견이 아니실 테니까) 그렇죠. 그다음에 팽목도 마찬가지로 거기 있는 가족들도 서로 의견 일치가 안 되는 상황, 거의 뭐 의견이 네 가지 부분 정도 나왔다고 보면 되죠, 보통 두 가지 이상 나왔다고 보면 되고. 그런데 그런 상황들을 최대한 조율해서 좀 가고자 했는데 중간에 부모들이 뭐…, 그냥 내려놓으라고, 의견 자꾸 따로, 자기 의견을 자꾸 반영을 못 시켜준다[고] 계속 불만을 토로하니까. 저는 이제 전체적인, 남아 있는 가족들의 의견을 조율해서 좀 가는 상황이었는데, 그럼 어느 한쪽으로만 치우치지 못하잖아요? 저도 아이를 못 찾은 상태인데, 저도 마찬가지로 아이가 있을 법한 지점을 먼저 해달라고 할 수 있는데 일단 그렇게는 안 하고, 전체적으로 조율해 간 상황에서 가족들하고 더 이상 크게 충돌을 하고 싶지 않아서 그렇게 됐어요.

면담자   그때 이미 인양에 대한 것도 의견이 좀 갈리고 있었나요?

중근 아빠   인양에 대한 얘기는 진짜…, 4월 말 되기 전, 참사, 이제 [세월호] 가라앉고 얼마 안 돼서부터 인양 얘기는 계속 있었어요. 근데 인양과 관련된 범정부 내에서 만들어진 문건을 제가 입수를 해서 갖고 있었던 건 사실이에요. 근데 그거를 가족들한테 내보이지는 못하는 상황이었죠. 범대본에서 이런 이런 인양 얘기를 하고 있는데 그거를 가족들한테 얘기하면, 지금 계속 미수습자 수습을 하고 있는 상태에서 인양 얘기를 꺼낼 수가 없었던 거죠. 그래서 그 문건은 나중에 중근이 수습하고 올라와서 가족협의회한테 그 문건을 전달을 했죠.

면담자   아버님이 정부의 인양 논의를 알고 계셨던 거네요?

중근 아빠   인양 논의에 대한 사항들은 계속 흘러나와 있던 상태고요. 범대본 아니면 해경 쪽에서도 간부들이, 제가 대표하고 저기할 때 계속 "인양을 해야 된다" 그런 얘기는 있었지만 저는 "지금 인양 얘기를 꺼낼 상태가 아니다" 그렇게 얘기를 했고, 그 문건은 저올라올 때까지 공개 안 하고 그대로 갖고 있었죠. 나중에 올라와서그거를 가족협의회에 제출을 했고, 그 문건이 나중에 특조위 쪽에그렇게 간 걸로 알고 있어요.

면담자   남아 계신 가족분들이 오히려 수가 적으면 적을수록의견이 하나하나씩 다….

중근 아빠   제각각 그냥 계속 나올 수밖에 없는 거죠.

면담자   그랬을 거 같아요. 어떤 쟁점에 대해서도 계속 충돌이빚어질 수밖에 없는 조건이었던 것 같아요.

중근 아빠   그렇죠.

면담자   대표를 하셨을 때와 내려놓으셨을 때의 가장 큰 차이는 어떤 게 있을까요? 아버님 일상적으로도 조금 달라지셨을 거같은데….

중근 아빠   하고 있을 때하고 그다음에 그거를 안 했을 때[하고]

제가 거기서 움직이고 하는 거는 뭐 틀린[다른] 게 없어요, 똑같아요.
전에도 얘기했지만 범대본 회의라든가 사고 현장에 있는 바지선에
가는 거, 이런 내용들은 대표건 아니건 자기 가족이면 누구든지 갈
수 있는 상황이었거든요? 그래서 그거는 그대로 제가 다녔어요.

면담자   그러면 대표가 주로 하는 일은 뭐라고 정의할 수가 있
을까요?

중근 아빠   일단 가족들이…, 범대본에서 나오는, 군청에 있는 범
대본 회의실에서 하는 내용들이 있어요. 그런 내용들을 대표가 나서
서 먼저 얘기를 해서 그 내용들을 가지고 가족들하고 협의해서 좀
소통을 원활하게 하는 그런 내용도 있고요. 그런 내용이 있고, 그다
음에 실제 미수습자 가족의 언론인 대변, 그다음에 현장에 가서, 현
장에 가서 작업하는 상황들 [지켜보고], 그다음에 현장 작업이 끝나면
그 내용들을 어차피 가족들한테 또 브리핑을 하거든요? 브리핑할 때
중간에서 조율하는 내용들, 그런 내용들을 제일 많이 한 거죠.

면담자   그러니까 가족들 의견을 모으고 조율하고 협의할 수
있게 하는 중간단계 같은 역할과 범대본과 소통하는 창구 역할, 이
런 것들을 하신 거네요.

중근 아빠   그렇죠.

면담자   되게 스트레스가 많은 일이었을 것 같아요(웃음).

중근 아빠   (웃으며) 근데 그런 일들은 어차피 그 당시에 남아 있
던 가족들이라든가 그다음에 올라온 유가족들이 또 내려오시고 해

서, 그런 거를 보고 얘기해 주기도 해요. 본인들이 직접 얘기하기도 하는데….

면담자　　　　아, 아이 먼저 찾으신 분들도 다시 내려오셔서?

중근 아빠　　　예. 내려와서 이렇게 어차피 남아 있는 가족들하고 얘기하면서 위로도 해주고, 불편한 사항들 찾아서 챙겨주려고 그렇게 내려오시는 분들도 있고, 그다음에 범대본 회의 아니면 현장 이렇게 다니신 분들도 많아요. 그리고 내려오신 분들 나름대로 전체적인 사고에 대한 내용들, 뭐 조금이라도 단서 이렇게 찾아서 다니시는 분들도 있었고요.

3
진도에서의 생활

면담자　　　　네. 그럼 그 안에는 꼭 미수습 가족분들뿐만이 아니라 유가족분들도 오시고 하셔서 날마다 차이는 있지만 어느 정도 규모가 남아 있었다고 할 수 있겠네요.

중근 아빠　　　그렇죠. 체육관에 미수습자 가족들은 얼마 안 남았죠. 또 지역적으로 팽목하고 떨어져 있고 그런 상황에서 이제 유가족들 내려와서 잠깐 있다가 좀 가고…, 그다음에 독립 피디[PD]들, 뭐 이렇게 그런 분들도 좀 오시고, 네.

면담자　　　　그 시기에 자원봉사 하시는 분들도 규모가 좀 줄긴 했어도 계속 남아 계신 분들이 계셨죠?

중근 아빠   그렇죠. 자원봉사 하시는 분들, 참 많이 고생을 좀 하셨고요. 그때까지도 밖에서 계속하시는 분들, 처음부터 끝까지 하신 분들도 많아요.

면담자   식사도 그분들이 거의 준비를 하셨나요? 거기서 식사는 어떻게 해결하셨어요?

중근 아빠   식사는 다 자원봉사 단체, 뭐 이렇게 해서 와서 해주시는 식사를 다 그렇게 먹고 좀, [그렇게] 하게 된 거죠.

면담자   그럼 팽목에 계신 분들은 어떻게 해결하셨나요?

중근 아빠   그쪽에는 또 그쪽도 또 자원봉사 나오신 분들이 그쪽에서 해서 주시고, 자원봉사 오시는 분들도 위치적으로 두 군데 나누어져 있으니까. 그것도 참 힘든 상황이었고요.

면담자   그러실 수도 있겠네요. 한 군데 계시는 거보다는 조금 (중근 아빠 : 그렇죠) 번거로웠을 수 있겠네요, 그분들 입장에서는.

중근 아빠   왜 그러냐면 일단 뭐…, 자원봉사 오시는 분들도 그렇고, 이런 어떤 물품이라든가 이런 것 들어오는 게 계속 들어오는 것도 아니고 어느 정도 한정이 또 돼 있잖아요? 많이 없으니까. 그리고 또 양쪽으로 나눠서 가야 되는 상황이고, 그런 것도 좀 있었어요.

면담자   제가 듣기로는 진도에 계신 분 중에서 그런 물품들을 좀 관리하시고 이랬던 분이 계셨다고 하던데요?

증근 아빠   그런 것들은 저희 가족들이 직접 하지는 않고요. 그다음에 뭐 이쪽에 어차피 자원, 그 물품들을 들어오는 거는 군청이라든가, 진도군청? 그다음에 거기에 다른 분, 이렇게 와서 일하시는 분들이 자원해서 하셨으니까, 그분들이 다 해주신 거예요.

면담자   오랫동안 계셨던 분들도 계세요? 같이?

증근 아빠   그렇죠. 저 올라올 때까지도 계속 계셨던 분들도 다 있고요. 또 올라왔다가 내려가서 봤을 때 그대로 계신 분들도 있고요.

면담자   가족분들 중에서는 정작 필요한 물건에 비해 다른 물건들이 굉장히 많이 왔었다는 그런 말씀도 해주셨거든요.

증근 아빠   근데 뭐 그거는 어쩔 수 없는 거죠. 그런 현장에 구호품이라는 게 어느 한 품목, 몇 개 품목으로 이렇게 한정이 돼서 오는 게 아니고, 진짜 거기 있으면 먹는 거부터 입는 거, 씻는 거, 잠자리 이런 거 다 종류별로 들어오게 되어 있으니까…, 그렇게 되죠.

면담자   뭐 불편한 부분은….

증근 아빠   당연히, 당연히 불편하죠. 그거는 어쩔 수 없이, 이제 저희는…, 자식을 찾는 미수습자 가족 입장이었기 때문에 그런 거를 감수를 해야지 그거 불편하다고 저희가 토로할 수는 없는 상황이었고요.

면담자   그래도 이제 약간 활동 범위랄까요? 한 달도 넘게 거기서 지내게 되셨는데 그때 조금 일상적인 일들, 예를 들면 목욕탕을 가시거나 혹은 병원을 정기적으로 왔다 갔다 하시거나, 그런 일들은 없으셨나요?

중근 아빠   병원 같은 경우는 일단 간단한 거는, 비상약은 어차피 약사 분들이라든가 그다음에 의사분들이 자원봉사 오셔서 하시는 분들 있어서 일상적인 비상 약품은 다 있었고요. 중간에 뭐 그거 가지고 안 되고 꼭 병원을 가야 되겠다는 분들은 일단 진도에 있는 그 병원. (면담자 : 네, 군립병원) 그 안에 있는 개인병원이든, 뭐⋯ 그 진도한국병원인가요? 그런 병원을, 그런 곳들을 다 다닐 수 있었고, 좀 더 그래도 좀 더 상태가 안 좋으면 목포로 나온다든지 그렇게 할 수 있었고. 그다음에 중간에⋯, 그 당시에 많은 인원들이 처음에 있다 보니까 제일 불편한 게 어차피 씻고 저기 하는 게 저기 했었죠. 거기가 체육관 안에가 화장실이 양쪽에 하나씩 해서 두 군데밖에 없는데, 어차피 좁잖아요, 인원은 많고. 그렇게 저기 하고, 처음에는 그렇게 어차피 그냥 계속 그렇게 생활할 수밖에 없었고⋯. 그다음에 나중에 저희가 요청을 한 게 뭐냐 하면, 별도 샤워할 수 있는 저기를 좀 만들어달라 해갖고 체육관 그 바깥에 샤워 부스를 별도로 또 만들었어요. 그래서 그나마 조금, 좀 개선이 됐죠.

면담자   그게 만들어지기 전까지는 체육관 화장실에서 씻으신 건가요?

중근 아빠   체육관 화장실 있고 그 옆에 별도로 샤워할 수 있는 공간이 있어요. 근데 거기에 샤워하러 들어갈 수 있는 사람은 실제 한 사람 정도밖에 못 들어가니까, 샤워 그 공간에. 그래서 계속 기다리고 저기 할 수밖에 없었고요. 아니면 그냥 한창 붐비는 시간에는 안 하고 밤늦게 아니면 새벽에 가서 한다든지 그렇게 했어요.

면담자   그런 것들이 왜 제대로 안 됐는지 참….

중근 아빠   그런데 처음에는 그럴 수밖에 없었고요. 또 어떤 시설을 좀 해달라고 요청을 하면 그게 바로바로 되는 게 아니라 한참 시간이 좀 걸릴 수밖에 없었고, 밖에 그 샤워 부스 설치하는 것도 그냥 부스만 갖다 놓는 게 아니고 어차피 전기 다 끌어[와]야 되고 그다음에 수도, 물 다 끌어놓는 이런 것들 준비하는 시간들이 좀 걸려서 그렇게 갈 수밖에 없었죠.

면담자   한편으로는 그런 것도 있지 않았을까요? 부모님들 입장에서는 당연히 거기 오래 있을 거라고 생각하시는 분들은 안 계시잖아요. '내일이라도 나오겠지, 나오겠지' (중근 아빠 : 그렇죠) 그 생각이시니까. 그런 것도 좀 영향이 있었을 거 같긴 한데요.

중근 아빠   처음에 진도 내려갔을 때는 저희도 아이를 금방 찾아서 멀쩡하게 데리고 올라올 수 있[을 거라는] 그런 생각으로 내려갔기 때문에 뭐 아무런 준비도 없었고요. 옷이 젖고 찢어지고 저기 했으면 '그냥 옷 사서 입혀서 데리고 올라오겠다' 그런 마음으로 내려갔던 거고, 거기서 저도 6월 초까지, 중근이 찾을 때까지 그렇게 오랜 시간 있을 줄도 저도 몰랐던 거고요.

4
회사의 배려

면담자　　　그 사이에 안산에 올라오신 적은 없으셨어요?

중근 아빠　　안산에는 제가 한 두 번 정도 올라왔나요? 처음에 올라온 거는 그때 유민이 찾았을 때. 그때 우연찮게 진도체육관 내에서 가족들 몇 명이 이렇게 가깝게 지내는, 그 안에 유민이[가족]도 있었어요. 그래서 유민이 찾아서 올라갔을 때 조문하느라고 잠깐 올라왔었고. 한번은 회사에서, 제가 어차피 회사에서 이제 특별 휴가를 받은 상태였는데 그게 이제 끝나갈 시간이었는데도 [아이를] 찾지 못하고 계속 있는 상태였어요. 그래서 회사 가서 "지금 이런 상황인데 언제 될지 모르니까 휴가를 좀 더 연장을 했으면 좋겠다" 그런 거 하고, 진도 여기서 체육관 생활, 뭐 현장에서 일어나는 일들은 [안산에서는] 모르잖아요? 그러니까 그런 내용들 좀 전해드리고, 그러느라고 좀 올라왔었죠.

면담자　　　그렇다면 회사에는 처음에 연차까지 다 쓰시게 돼서 그다음은 특별 휴가를 또 내신 건가요?

중근 아빠　　아니요, 저 개인적인 연차는 소진하는 저기는 아니었고요. 그냥 자체적으로 그냥 특별 휴가를 [주셨어요]. 처음에는 그냥, 휴가가 그때 30일이었던가요? 그렇게 [회사에서] 좀 휴가를 줬던 상황이었는데, 휴가도 끝나기 전에 올라가지를 못하는 상황이 되어서, 네.

면담자　　　그렇죠. 그럼 참사 연락받고 휴가받고 나오신 이후에 회사에는 처음 가신 걸 텐데, 그때 회사 동료분들이랑은 만나셨나요?

중근 아빠   그때 사고 소식을 접할 때는 제가 연수원에 있었잖아요? 연수원에 일주일 있는 과정이었는데, 중간에 저는 어차피 나왔고요. 뭐 거기에 있던 직원들은 [참사 소식을] 어차피 다 알게 됐고, 저는 중간에⋯ 거기서 이제 안산 오면서, 그 당시에는 거기 연수원에는 인사담당 담당자가 있기 때문에 인사담당자한테 얘기해서 [제 상황을] 위로 보고하게끔 하고, 저는 이동하면서 제 소속 팀장한테 얘기해서 보고하게끔 하고⋯, 그렇게 좀 됐고요. 그다음에 저희 직원들이⋯ 몇 명이나 내려왔지? 그동안에 꽤 많이 진도를 내려왔다가 갔어요. 또 중간에, 그 당시 [두산]그룹 회장님이 박용만 회장님이셨거든요. 근데 그분이 해외 출장 갔다 오자마자 바로 내려오셨다 가기도 하고⋯.

면담자   회사 그룹 전체에서 혹시 또 참사를 당하신 분이 있으셨나요?

중근 아빠   저희 회사 내에서는 직접적으로 자식을 잃은 저기는 저밖에 없고요, 회사 직원의 사촌 조카라든가 뭐 그런 저기는 있어요. 친자식은 아니고 조카, 저기 했고요.

면담자   그때 회사에서도 그 일이 직원분들한테 충격이 많이 되셨겠네요?

중근 아빠   그렇죠, 충격이었죠. 그거는 또 특히 당일 날 그 시간에 저하고 같이 있던, 저희가 교육받는 클래스가 인원이 꽤 되는데 나눠서 그렇게 저기를 하고 있었던 상황이고, 한 그룹별로 다섯 명, 여섯 명 [나눠서] 몇 개 그룹? 그래서 처음에 같이 있던 그룹들이 제일 충격을 많이 받았고, 그리고 그 옆에 다른 그룹들도 마찬가지고요. 근데 그 사람들도 그 당시에는 뭐 나오는 언론 얘기로는 "다 구조했다" 처음에는 "구조했다" 아니면 "학생들만 구조했다" 이런 얘기를 접하는 상황이었던 상황이고요, 그 사람들도.

면담자   그러면 그때 다시 회사에 가셨을 때 언제 복귀하겠다는 기준을 정확하게 잡으실 수가 없었을 거잖아요. 그걸 어떻게 하셨어요?

중근 아빠   지금 회사를 다시 복귀한 거는 7월에, 7월 중순 경에 복귀를 했어요. 근데 보통 저희가 7월 말, 8월 초에 휴가를 좀 하거든요? 근데 지금 그거가 있어서 그거를 지나서 회사를 복귀를 하면 업무 저기 하는 데도 좀 어려움이 있겠다 싶어서 어차피 6월 8일 날 [아이를] 찾아서 9, 10, 11일, 3일 장례를 치른 이후니까, 그래서 그 정도 7월 초면 뭐 복귀해서 업무 보고, 또 여름휴가 있으니까 여름휴가 저기 하면 괜찮겠다 싶어서 일단 그거는 이제 복귀는 일단 "복귀하겠습니다" 하고 이제 복귀를 하게 된 거죠.

면담자   언제 복귀하실 수 있을 지는 그때에도 장담을 하실 수가 없으셨잖아요.

중근 아빠   그 당시에는 없었죠.

면담자   그때는 일단 회사에서는 양해를 한 셈인 거네요?

중근 아빠   예, 그렇죠. 회사에서는 전적으로 [아이를] 찾아서 올라와서 저기 할 때까지는 "휴가 다 주겠다"[라고] 되어 있는 상태였으니까요.

5
중근이가 올라왔을 당시

면담자   이제 중근이 찾을 때를 좀 여쭤보아야 될 거 같은데요. 어떠셨는지, 혹시 뭔가 예감 같은 게 혹시 있으셨나요?

중근 아빠   예. 그냥 중근이 찾는 날도 그 전에 있었던 생활 패턴하고 틀리지는[다르지] 않았어요. 항상 아침에 일어나서 세면하고 준비하고 식사하고 범대본 회의 들어가고 회의 끝나면 다른 사람들하고 추가적으로 서로 얘기할 거 얘기하고, 그다음에 보통 2시경에 되면 현장에 가는 해경 배가 있으니까 그 배로 사고 현장 갔다가 그날 저녁에 들어오든지 아니면 그다음 날까지 있다가 들어오든지, 항상 그 패턴이었거든요.

면담자   바지선에서 밤을 새시는 거예요?

중근 아빠   바지선에서 자기도 해요, 거기서 밤새고. 왜 그러냐면 이 조류 물때가 조용해질 때가 새벽에도 있어요.

면담자   그때 잠수할 수도 있으니까요?

중근 아빠   예. 그러니까 그런 걸 보기 위해서 있고, 그다음에 아침에 또 일찍 잠수할 수도 있고 그래서…. 보통 제가 바지선에서 제일 많이 기거한 게 한 3일, 4일까지도 기거했던 적이 있어요.

면담자　　거기 어디 공간이 있나요?

중근 아빠　　저희 가족들이 좀 잘 수 있는 그 공간이, 침대가 한 3개, 4개 정도까지는 거기서 제공이 되어 있어요.

면담자　　원래 있던 건가요, 아니면 그것도 요청해서 만든 거예요?

중근 아빠　　그 바지선 내에 침실 공간이 있어요, 이렇게 2층 침대로 해가지고, 2층 침대 2개. (면담자 : 바지선이 작은 게 아니니까) 네. 저희 가족들이 좀 묵을 수 있는 공간도 만들어져 있거든요. 그래서 그렇게 있으면서 한 3, 4일까지도 지낼 수 있었고요. 근데 중근이 찾는 당일은 뭐…, 오전 일과는 다 똑같았어요. 근데 오전 회의 일찍 끝나고 그날따라 점심을 좀 일찍 먹게 됐어요, 허기가 지더라고요, 일찍. 그래서 그날 같이 있으셨던 분이 누구냐면 해경에 근무하시는, 정보계에 계신 분이었어요. 그래서 그분들이 오늘은 자기도 "현장에, 바지선에 가겠다"고 얘기하시더라고요. 그래 갖고 같이 아침에 나와서 범대본 회의에 참석했다가 끝나고 제가 "이상하게 오늘따라 허기가 일찍 온다"고 그래서 "점심을 일찍 먹고 가자"고 그렇게 해서 점심을 일찍 먹고…, 그날 보통 2시 전후해서 나가는 해경 거 말고 그 전에 또 나가는 그 경비정을 타게 됐어요. 그래서 그분하고 둘이서 일찍 이제 현장에 간 거죠.

　　그런데 현장에 가서, 어차피 그 현장에 가면 잠수를 할 수 없는 시간들은 다 잠수부들은 다 들어가서 쉬어요. 쉬고, 저는 이제 거기에 계신 분들, 지난번에 공 잠수사님이라든가 해경분들 아니면 해군 분들 이런 분들, 뭐 쉬지 않고 좀 나와 있는 분들이 있잖아요? 그분 들하고 이런저런 얘기하면서 다음에는 수색을 어디를 할 건지 이런 얘기들을 서로 주고받아요, 그런 얘기를 하면서 있었고요. 그래서 저녁에 그때가 한 10시, 11시 요 사이였던 거 같아요. 제가 그 현장 에, 바지선에 그렇게 가는데 바지선에 있으면서 제가 어지러움을, 현기증을 느껴본 적이 없었거든요? 근데 그날따라 이상하게 어지러 워요, 그때. 그래 가지고…, 이렇게 앉아 있는데 너무 어지러워요.

그래 가지고 거기에 보시면 공우영 잠수사라든가 그다음에 로그 북 작성하시는 분 있어요, 이렇게 마이크 잡고 로그북 작성하시는. "아, 오늘따라 앉아 있는 게 너무 어지럽다"고, "현기증이 온다"고, "한 번도 이런 적이 없었는데" 그렇게 얘기하고서, 바지선이 이렇게 길게 있으면 요쪽 끝에, 끝부분에, 끝부분에 제가 거기 떨어지지 말 라고 이렇게 안전바 식으로 해놓은 거, 그 옆에서 멍하니 한참 동안 서 있었어요. 그러고 나서 한 30분, 1시간 있다가 미수습자 한 사람 찾았다고…. (면담자 : 밤에?) 밤 11시 반에. 그 연락을 받[고]…, 이제 잠수사한테[서] [바다] 밑에서 무전으로 올라오고 그런 거예요.

그래서 실제 이제 배 밑에서 해경 조그만 보트, 고무보트로 이렇 게 올라오는 거 딱 봤는데 체격은 되고 커요. 되게 큰데 옷이 아니 야, 중근이 옷이. 그래 가지고 '아닌가 보다' 막 그러고 있었거든요, 저는? 근데 거기서 처음에 올라오면 바지선에 그다음에 저기 뭐야… 해경 구축[함], 3009함 쪽으로 간단 말이에요. 가서 초기 육안으로 이 렇게 봤을 때 나오는 얘기가 "치아, 저기 교정되어 있다". (면담자 :

121
•
3회차

안쪽에 그 교정?) 근데 처음에는 그 뭐⋯ 그거를 저는 얘기를, 그거를 확인해 달라는데 그 얘기가 없었어요. 그 얘기는 못 듣고 그렇게 있는 상태에서⋯, 이제 누가 발견이 됐다고, 누군지는 이제 신원이 아직 안 나왔지만 누가 발견이 됐고 어떤 특징이 [있다는 연락이] 바지선도 오지만 팽목이라든가 체육관에 다 이게 전파가 된단 말이에요.

그런데 나중에 알은 사항은 와이프도⋯, 다른 때처럼 저녁때 되면 식사들 하고 시간 지나면 어차피 샤워라든가 이렇게 하고 잘 준비들 하잖아요? 그날따라 이상하게 움직이기가 싫더래요, 씻고 저기 하는 게. 그런 느낌이 막 드는데⋯, '아휴, 그래도 조금씩 움직이고 씻어야지' 하고 씻고 얼마 나지 않은 후에 찾았다고 연락을 받았다고 하더라고요.

면담자   그때 가장 먼저 인상착의로 설명됐던 거는 어떤 거였어요? 일단 키?

중근 아빠   뭐 체격도 체격이지만, 일단 그런 덩치도 있지만, 특징을 지워준 게 처음에는 혁띠, 혁띠 버클.

면담자   아, 그쪽에서 알려준 게 그걸 제일 먼저? 근데 기억이 딱 나셨어요, 아버님 그때?

중근 아빠   저는 그거를 기억을 확실히 못 했어요, 잊어버렸어요.

면담자   기억 안 나셨을 거 같아요.

중근 아빠   처음에 저희가 이제 중근이에 대한 인상착의를 이런 이런 것들을 확인해 주면 중근이라는 걸 알 수 있다고 했는데, 애기 엄마하고 저하고 그 혁띠를, 그 얘기를 안 써준 거예요. (면담자 : 근데 그쪽에서 먼저) 그쪽에서 이제 아이가 올라온 다음에 겉으로 보이는 인상착의, 키가 어느 정도고 뭐 남자인지 여자인지, 그다음에 키, 그다음에 몸무게가 어느 정도 될 거 같다, 그다음에 겉옷 색깔, 바지를 입었는지 치마를 입었는지 그런 특징들에다가 나중에 혁띠가 나왔더라고요. 그래서 혁띠 때문에 와이프가 "중근이 맞다"고, 그렇게 해서 알게 된 거고…, 저는 이제 거기서 바로 그 시간에 팽목으로 넘어온 거죠. 아이가 거기서 이제 팽목으로 올 때 저도 이제 또 와서, 실제 팽목에 있는 검안소에서 1차 검안해서 저한테 보여줄 때 들어가서 이제 이, 치아 있는 거 확인하고 "맞다"[고 하게 된 거죠].

면담자　　　같은 배를 타고 오신 건 아니고요.

중근 아빠　　　같은 배는 아니죠, 따로.

면담자　　　해경에서, 중근이는 해경 배로?

중근 아빠　　　어차피 해경 배인데 아이를 옮기는 배 따로, 저 오는 배 따로 이렇게 온 거죠.

면담자　　　그날따라 밤에 잠수가 됐던가요? 아니면 원래 그 시간에도 작업이 종종 있었나요?

중근 아빠　　　그, 그 무렵에는 대부분 그 시간에 할 수 있었던 시간이에요. 대부분 조류가 소조기 때 되면 어느 어느 타임 이렇게 대부분 시간대가, 그 시간대가 약간 좀 오차는 있는데, 그런 때였어요.

면담자　　　그러면 어머니는 체육관에 계시다가 이제 팽목으로 오시고 아버님은 바지선에서 다시 또 팽목으로 (중근 아빠 : 그렇죠) 나오시고 중근이도 팽목으로 오고요. (중근 아빠 : 네) 중근이를 아버님이 먼저 보셨어요, 어머니보다?

중근 아빠　　　실제 팽목에 와서 검안소에서 아이는 저만 봤어요. 왜냐면…, 그 당시에 검안소에 있던 분, 그다음에 진도[경찰]서에 저하고 그동안 가깝게 지내셨던 분이 있어요. 그분들이 안에서 보고 저기 했을 때 "아이가 너무 오래 있어서 부패가 많이 됐고 저기 해서 아이를 다 볼 수 없을 거 같다. 안 보는 게 좋겠다" 얘기하더라고요. 그래서 그때는 그거를 이제 저는 받아들이고 아이 손 잡아주지도 못했고 그냥 치아만 확인하고 나왔어요. 애기 엄마도 들어가려고 하는 거, 제가 말렸고요. 근데 지금에 와서는…, '들어가서 다 좀 볼걸…', 그거는 안 한 거를 이제 후회를 좀 해요 (잠시 침묵).

면담자　　　그때는 뭐 그럴 수밖에 없었을 것 같아요. 중근이보다 더 빨리 나온 아이들도 차마 못 보신 부모님들 많이 계시더라고요.

중근 아빠　　　네, 그건 아는데…, 부모 입장에서 자식을 좀 보고, 그렇게 오래 물속에 있다가 왔는데 그거를 제대로 [손도] 잡아주지도 않고 그냥 보냈다는 게 나중에 후회가 되더라고요.

면담자　　　아버님도 사실 그러실 정도면 어머님 걱정이 많이 되시기도 하셨겠네요.

중근 아빠　　　그렇죠. 그날 거기서 들어가겠다고 하는 거 계속 못 들어가게 막고, 오열하고 하는 거 진정시키느라고 또 저기 하고….

면담자   옷은 그러면 원래 중근이 옷이 아니고 다른 옷을 입고 있었던 건가요? 사주신 옷 아니고 다른 거?

중근 아빠   기왕 어차피 [배에서] 아침에 내리고 저기 하면 편한 옷으로 그냥 갈아입었을 줄 알았어요, 아니면 교복이라든가. 근데 [중근이가] 새로 사갖고 간 옷으로 다 갈아입은 거예요. 그거를 이제 저희도 그랬을 줄이라고는 생각도 못 했고, 그냥 교복 내지는 아니면 추리닝, 뭐 그렇게 입었을 거라고 생각을 했었던 건데 실제 새로 산 옷으로 다 갈아입고 [있었고], 결정적으로는 이제 혁띠가 있어서 좀 저기 했었던 건데… 그 당시에 남아 있는 남자 미수습자 중에 중근이하고 체격이 비슷한 남자도 있었거든요. 그래서….

면담자   일반인이세요, 아니면 현철이?

중근 아빠   현철이. 아무튼 뭐… 저희 아이를 찾았지만 현철이었었어도 현철이는 더 기뻐했을 수 있는 상황이었는데…, 아무튼 저희는 찾았고 현철이는 못 찾았고 그런 상황이었죠.

면담자   중근이가 나오기까지 며칠의 그 텀이 있었잖아요.

중근 아빠   4월 16일, 사고 난 날부터 찾은 날은 6월 8일.

면담자   네. 그리고 또 중근이 나오기 전에 그 수습….

중근 아빠   그 전에 수습된 게 텀이 또 길었죠.

면담자   그때가 제일 좀 기다림이 긴 시간이었는지, 어떠셨어요?

중근 아빠   그 시간은 저뿐만이 아니고 다른 가족들도 다 마찬가지였어요. 언제 수습이 될지 모르고…, 또 '내 아이가 제일 마지막에 나오지 않을까' 이런 두려움이 제일 많았고요. '언제 찾을지 모르겠다' 하는 이런 두려움이 많았고, 또 그 당시에는 미수습자를 찾는 팀이 자꾸 길어지다 보니까 '수중 수색을 중단하고 인양을 하자' 뭐 이런 얘기도 거론들이 상당히 많았고요.

면담자   그렇죠. 그 본격적인 인양을 추진하라고 하는 얘기가 중근이 찾기 전에도 있었나요?

중근 아빠   가족들 사이에는 없었고요. 가족들 사이에는 그런 얘기를 꺼내는 거를 꺼려 했고, 그럴 수가 없었던 상황이고요. 정부 쪽에서 계속 그런 얘기를 한 거죠. '지금 이렇게 시간이 흘러가면서 미수습자를 찾지 못하고 그렇게 가니, 그러지 말고 인양을 하는 게 낫다' 계속 그런 얘기를 했던 거고요.

면담자   가족분들 입장에서는 어떤 게 제일 걱정이 되셨어요, 인양을 한다고 했을 때? 유실될 수 있다는 게 가장 큰 걱정이셨나요?

중근 아빠   유실 우려도 많이 했죠. 그 당시에 뭐냐 하면, 우현 쪽에 들어가면서도 유실을 방지하기 위해서 유실 방지 그물 치는 것도 [하고] 다 그렇게 했는데도 그게 막 물살에 열리고 이런 상황이 많이 발생을 했었거든요? 근데 인양을 한다고 그러면 인양 준비에서부터 실제 올라올 때까지 시간 오래 걸릴 거 뻔한 거고요. 그다음에 좌현은 어떻게 되어 있는지 모르는 상태니까. 그래서 밑에 '유리가 깨지고 뭐 하고 하면서 인양하는 동안에 이 물살에 의해서 많이 휩쓸려 내려갈 거다' 그런 우려가 상당히 많았던 거고요.

면담자 그때 체격이 비슷한 현철이…, 이게 되게 마음이 복잡하셨겠어요, 아버님. 현철이 아버님도 (중근 아빠 : 그렇죠) 그 짧은 시간이라고 하더라도 혹시나 하는 기대를 하셨을 테고요.

중근 아빠 제 앞에 찾아가시는 분들 아이들 봤을 때…, 뭐 제 마음도 그랬었고요. '왜 내 아이는 아직 찾지 못할까? 나도 얼른 찾아갔으면 좋겠는데' 이런 마음 항상 가지고 있었고요. 또 막상 제 아이를 찾고…, 겉으로 보이는 특징이 다 중근이라는 거를 확 알면서도 실제 DNA 결과 나오는 그때까지도 이거를 서로…, 남아 있는 가족들은 표를 낼 수가 없었던…. 그 짧은 시간이…, 뭐라고 표현해야 될지 모르겠지만 속으로만 기뻐하고 겉으로는 내색할 수가 없었던 그런 시간이 좀 많았죠. 그래서 DNA 결과가 실제 아침에 나왔거든요. 그게 낮이었으면, 낮이었으면 헬기로 가서 그래도 좀 빠른데 자정 무렵에, 새벽에 발견이 돼서 DNA 채취하고 새벽에 차량 편으로 이동했단 말이에요.

면담자 어디까지 갔어야 되는 거예요?

중근 아빠 그때 어디더라, 원주인가? 어딘가…. 그래도 그 당시에 헬기 편으로 원주 본원으로 간다고 그렇게 됐었는데, 아마 본원까지는 아니더라도 그거를 확인할 수 있는 장소에는, 국과수 장소에는 간 걸로 알고 있어요. 그래서 최대한 해서 일단 그 당시에는 이제 실종자 수가 상당히 줄었고 DNA 샘플을 비교해야 될 저기가 어차피 줄었기 때문에 이 결과는 그래도 빨리 나온 거죠.

면담자 그때 DNA 결과가 나오면 일단은 먼저 당사자 부모님한테 알리는 방식이었던 거죠?

중근 아빠   그렇죠. 일단 DNA 결과가 나오면 어차피 그게 범대본으로 내려오거든요. 그다음에 범대본에 통보가 되고, 실제 팽목에 있는 검안소 검안의가 있단 말이에요. 그쪽에 다 통보가 돼서 거기서 이제 서류를 다 작성해 주게 되죠. 거기서 이제 가족들한테 연락을 해요. 팽목에 있으면 거기에 있는 담당자가 직접 가서 알려주고, 체육관에, 저는 체육관에 있으니까, 이제 체육관에도 어차피 상황실이 있잖아요, 그 상황실 통해서 저한테 연락이 왔고. 그래서 아침에 연락을 받고 저는 이제 팽목으로 다시 넘어가서 거기서 서류를 다받고 이동 준비를 하는 거죠. 그래서 서류를 받을 때, 그러면 이동편을 어떻게 할 건지, 어디로 가서 장례 준비를 할 건지 이런 거를 다 물어봐요. 거기에 이제 실제 거기에 나와 있는 여러 부처 상황실들이 있잖아요. 그중에서도 이제 시에서 나와 계신 분들이 있어서 그 시하고 이제 같이 얘기를 해서 장례 절차 준비하게 돼요.

6
장례식 결정과 기억에 남는 일

면담자   어떻게 결정을 하셨어요? 장례 치르는 거는….

중근 아빠   장례 치르는 거는, 저는 다른 데 저기 하는 것도 여러 군데 있긴 한데 처음에는 고대병원 쪽으로 갈려고 했다가 군이 고대병원 안 가도 되고, 그다음에 제 친구가 또 장례 그쪽으로 업[을]

하는 친구가 있어요. 그래서 '그러지 말고 그냥 군자장례식장으로 가는 게 낫겠다' [싶었고] 또 저희 일가친척 오시는 분들도 그쪽이 또 가깝고, 또 부모님 집도 가깝고 그렇거든요? 서안산, 안산역 그쪽 편에 있어서. 처음에는 회사 쪽에도 "고대병원 쪽으로 갈지 모르겠습니다" 얘기했다가 나중에는 군자장례식장으로 다 바꿔서 그렇게 알려드렸고…. 그래서 올라가기 전에 장례식장 정하고, 그다음에 화장해서 아이 봉안하는 장소도 일단 올라가기 전에 다 정해놓고 그렇게….

면담자　　그때에도 서호, 효원, 하늘공원 이렇게 세 군데 중에 선택하게 했었나요?

중근 아빠　　서호와 하늘공원… 또 (면담자 : 효원) 효원, 이렇게 세 군데가 있는데 제가 그 당시에 가봤던 데가 서호예요, 저희 회사 직원 부친이 돌아가셔 가지고.

면담자　　거리는 서호가 제일 멀지 않나요?

중근 아빠　　거리상으로는 멀긴 한데 시간상으로는 그렇게 차이가 없어요. 효원은 교통이 일반 국도 저기고, 서호는 고속도로 나가서 그 일반 [도로로 가는] 거리가 얼마 안 되거든요. 그래서 시간상으로는 그렇게 차이가 없어요. 또 제가 가서 보고 저기 했던 데는 서호고, 효원은 잘 모르겠는데, 하늘공원은 부곡동에 있다고 그러는데 제가 실질적으로 본 적이 없어요, 있다고 하는데. 근데 거기는 그냥 오픈되어 있는, 하늘 다 보이는, 그렇다고 하더라고요. (면담자 : 맞아요, 야외식이니까) 가족들한테, 특히 와이프한테 "일단 내가 직접 가서 보고 저기[결정] 한 데는 [서호] 여기다. 그리고 시설 괜찮다", 그래서 그쪽으로 정했고, 먼저 그쪽에 아이들 저기[봉안] 한 가족들도 많고…, 그래서 그쪽으로 정했던 거고요.

면담자   그게 올라오시기 전에 이미 팽목에서 다 결정을 하고 올라오신 거죠?

증근 아빠   그렇죠. 어차피 장례 절차 미리 다 정하니까요. 올라오기 전에 장례식장을 어디로 할 건지 [정]해야 위에서 장례 절차 준비들 하니까요.

면담자   할머니, 할아버지도 장례 과정에서 계셨어요? 찾았다고 소식 들으셨을 때 어떠셨는지….

증근 아빠   기뻐하시면서도 또 하염없이 눈물 흘리신 걸로 알고 있어요, 그때 소식 전해 들었을 때나. 그렇게 알고 있고, 그다음에 장례 치르는 동안 장례식장에도 와서 계셨고.

면담자   또 할아버지, 할머니는 어쨌든 당신들의 자식은 아버님이니까, 아버님 걱정을 많이 하셨을 거 같아요.

증근 아빠   제 걱정은 크게…, 하셨다고 하더라도 그걸 뭐 어쩌겠어요. 어차피 제 자식을 찾으려고 저기 하는 거기 때문에 뭐 제 부모님 입장에서는 걱정을 해도…, 그냥, 그냥 말로 걱정이시죠, 뭐. 어떻게 뭐 본인들이 실질적으로 직접 도와, 와서 도와줄 수 있는 그런 상황 여건도 안 되고, 어차피 부모인 저도 있는데도 어떻게 할 수 있는 저기가 없었잖아요.

면담자   혹시 '그냥 일단 집에 좀 와 있는 게 어떻겠냐?' 그런 말씀은 안 하셨어요?

중근 아빠   언제? 언제쯤에요?

면담자   중근이 찾기 전에, 그래도 집에서 왔다 갔다 하거나 그렇게 하는 게 좋겠다고 생각하시지는 않으셨어요?

중근 아빠   아니요. 저는 그런 부분은 없었고요. 저는 그냥 "찾아서 올라갈 때까지 있겠다"고 했죠. 그건 뭐 부모님 입장에서도 "그게 맞지. 그거 뭐 왔다 갔다 할 필요가 뭐가 있겠냐", 네.

면담자   혹시 장례 과정에서 좀 아쉬운 점이나 아니면 고마웠던 일이나 기억나는 것들에 대해서 말씀 부탁드려도 될까요?

중근 아빠   장례 절차에 대해서는 크게 저는 불편한 사항이 없었고요. 원체 또 많이 오셔서 좀 기억 못 하시는, 이제 오셨는데 제가 기억 못 하시는 분들은 너무 많아서 저기 하고요. 그땐 장례하는 절차도 어차피 정부, 안산시가 주관해서 정부가 해주는 걸로 되어 있었지만, 실제 장례 절차 이런 것들은 회사에서 회사장으로 해주셨어요. 그래서 회사 직원들 전체 다…, 조문 대부분 [오셨고], 가까이 계신 분들은 뭐, 서울이라든가 안산에도 저희 회사 사업장이 있고 인천에도 있고, 그리고 창원에서는 실제 저희 부서하고 직접적인 연관이 있는 분들은 직접 오시기도 했고, 네. 그렇게 해서 회사에서 전적으로 많이 좀 해서, 좀 해주셨고요. 그다음에 실제 장례 중에 오시는 분들 안내하고 음식 저기 날라주시는 분들은, 음식을 실제로 준비하시는 분들은 저희 회사하고 계약된 상조회사가 있어요. 그 회사에서 오셔서 일하시는 분들이 음식 준비해 주시고, 또 [조문] 오시는 분들 음식 날라서 접대해 주신 분들은 또 회사 직원들이 거의 다 해주고….

면담자   중근이가 올라오기까지 조금 오래 걸려서 많은 분들이 관심을 또 많이 가져주시기도 하셨을 것 같아요.

중근 아빠   뭐 그런 것도 있었죠. 중근이 나오기 전에 이 시간 텀이 좀 많이 길었고 또 중근이도 실제 찾는 기간이 또 오래 걸렸었고…, 뭐 이런저런 사연들이 좀 많았죠. 그 사람들, 거기에 와 있던 상주하는 여러 단체들, 그다음에 기관들하고 저하고는 상당히 유대관계가 좋았으니까요. (면담자 : 진도에 계실 때요?) 거기 있을 때 뭐 대표를 하던 안 하던 그 사람들하고 상당히 그런 내용들이 많았고….

7
호형호제하던 경찰의 투신 사고

면담자   혹시 지금도 연락하고 지내시는, 특히 좀 가까운 분들이 계시나요?

중근 아빠   예, 지금도 연락하고 계신 분들도 있어요. 어차피 진도 내에 거의 매일이다시피 가서…, 저 없을 때는 애기 엄마라도 가서 거기서 아침, 점심은 아니더라도 저녁때는 거기 가는 고정 식당도 있고요. 그다음에 진도 새마을부녀회, 부녀회 계신 분도 자원봉사로 와서 알게 되신 분이 있어요. 그분이 남편이 또 진도군청에 근무하시더라고요. 그렇게 해서 또 어떻게 알게 되신 분들이 있고, 뭐 지금도 진도 내려가게 되면, 아니면 명절 때라든가 다른 때에 계속 연락하신 분들 만나기도 하고….

면담자　거기 또 계시던 경찰분, 그 투신하신 분 계시잖아요? 그분하고도…, 그분도 거의 매일 보셨던 걸로 알고 있는데….

중근 아빠　예…. 근데 진도 생활 초창기부터 알게 된 분이고요. 알게 된 분이고, 뭐 그분하고 중간에 [진도에] 있으면서 나중에 아이 찾아갖고 올라가고 저기 하면…, 그분이 집이 해남이거든요? 해남에 거주하고 있었기 때문에 그 집에도 가봤[었]고, 나중에 찾아서 휴가 때라든가 이런 때에 [그분 집에] 내려와서 시간 보내기로 그렇게 약속도 했었고요. 그분 와이프 되시는 형수분이 밑반찬, 이런 거 해서 보내주셔서 저희 가족들이 좀 나눠 먹고 이렇게도 했었고…. 아무튼 그분 생각하면 참 마음이 너무 아파요.

　근데 그분도 뭐 본인이 거기서 근무를, 체육관에 나와서 근무를 하려고 본인이 자의적으로 온 게 아니고 어차피 타의적으로 와서 근무를 하고 있던 상황이고요, 그분 나름대로 스트레스도 많이 받았고. 뭐 아침에 아니면 저녁에, 아침에는 저희 가족들, 그분은 이제 체육관 그 내에, 안에 이제 버스, 생활하는 버스도 있었고, 아니면 경찰서 내에 관사 들어가서 거기서 자기도 했었지만 그렇게 많이 가지를 않았어요. 대부분 그 체육관 내에서 기거를 하고, 그 경찰 차량 내에서 그렇게 기거를 했단 말이에요. 그래서 저녁에는 늦게까지 이제 가족들이 잘 잠드는 지 상황 보고 들어갔다가 아침에 일찍 나와서 별일 없는지, 이렇게 서로 아침, 저녁으로 인사를 하고 지냈던 사람이에요, 그분이.

그리고 중간에 저기 또 뭐 있었냐면, 그 당시에 대학원을 다니고 있었어요. (면담자: 그분이요?) 예. 그래서 논문 쓰는 거 이런 것들은 이제 다른 분들은 다 그런 내용들을 잘 모르죠. 근데 저하고는 그런 내용들을 다 얘기를 하고 지냈으니까, 일명 호형호제한 상태였거든요. 그래서 그런 내용들, 학교 공부도 해야 되고 뭐 논문도 써야 되고 이런 내용들도 있었다고, 되게. [근데] 그거 하느라고 시간을 많이, 그거에는 이제 시간을 많이 [쓰지] 못했던 상황도 있었고요.

그리고 저희 아이 찾아서… 찾은 그 시점, 그다음에 찾아서 올라오는 시점까지도 그분이 다른 가족들한테는 어떻게 했는지는 모르겠는데, 제가 봤을 때는 저희한테 한 거만큼은 아니었다고 생각해요. 제일 누구 못지않게 기뻐해 줬던 사람이었고요. 올라와서 장례 치르고 저희는 삼우제 끝나고 바로 또 내려갔거든요, 진도에를. 진도 내려가서 다 보고 고맙다는 인사하고, 또 미수습자 남아 있는 사람들한테는 "먼저 올라와서 미안하다"고…, "내가 아이들 다 찾아주고 내가 제일 늦게 간다고 그렇게 얘기도 했었는데 그 말은 지켜주지 못해서 미안하다"고 얘기까지 다 하고요. 그렇게 해서 거기에 내려가서 하루 이틀 머물고 이제 올라왔잖아요. 올라온 이후에 얼마 안 있다가 그런 사고가 발생을 한 거니까…, 소위 믿기지 않죠.

면담자   같이 계시는 동안에 어떤 고민이나 또 슬픈 마음이나 이런 것들도 아버님하고 많이 통하시는 게 있으셨겠네요.

중근 아빠   예, 있어요. 근데 그분이…, 그분도 자식을 먼저 떠난 그 상처가 있거든요. 그 상처가 있기 때문에 저희 가족들의 마음을 또 더 잘 알고, 뭐 지켜줄…, 저희 가족들 지켜주는 내용들에 대해서 누구보다 더 잘 알고 그런 내용이었고요. 그분 가정, 가족사[하고] 저가 겪어온 가족사, 그게 일맥상통했어요. 그래서 더 서로 이런저런 얘기 많이 하고 그렇게 그래도 좀 살갑게 지냈지 않나 싶어요.

면담자   그럼 아버님께서 그 당시에 그분에 대해 염려되는 면은 없으셨어요? 그분이 너무 힘들어하신다거나 그런 것들을 느끼신 적은 없으셨어요?

중근 아빠   그분이 어차피 자기가 경찰이고 [그래서] 저기 하는 내용들에 대해서는, 어차피 생활하고 깊숙한 내용들은, 그런 거까지는 저한테 얘기해 줄 수가 없죠. 얘기해 줄 수가 없고, 자기가 그동안에 겪었던 가족사 얘기, 제가 겪었던 가족사 얘기를 [같이] 하면서 좀 살갑게 지냈던 거고요. 그다음에 뭐…, 학교 뭐 했던 얘기까지는 했는데 그를 넘어선 다른 얘기는…, 저한테 해준 얘기는 없었고요. 근데 그분이 스트레스가 가중되어서 저기 하고, 어떤 우울증이라든가 뭐 이런 거까지는 저는…, 저는 제가 볼 때는 없는 걸로 보였거든요? 근데 그분 내적으로는 있었을 줄 모르겠지만, 그분이 그렇게까지 겪는 성격이 저는 아니라고 봤어요.

면담자   충격이 많이 좀 크셨겠어요, 아버님.

중근 아빠　　　제가 아이 보내고 진도 내려갔다가 [안산에] 다시 올라 와서, 그 중간에 한두 번 더 내려오기도 했었지만, 중간에 몇 번씩 [그분이랑] 전화 통화를 하면서 지냈단 말이에요. 제가 전화하면 바로 전화를 받든지 아니면 못 받으면 "내가 잠깐 못 받으니까 이따가 통화하자" 이런 상태였단 말이에요. 거의 전화를 하면 바로 받는, 받아 주는 이런 저기였어요. 근데…, 그분이 이제 극단적인 일을 하는 날, 저는 와이프하고 어땠냐면, 와이프도 어차피 직장, 그때 당시에는 치과를 다니고 있었는데, 너무 쉬면 안 되잖아요. 그래서 직장을, 이제 치과를 다시 나가야 되는 상황에서 자기도 이제 힘드니 "좀 바람 좀 쐬고 와야겠다"고 그래서 저희는 어디를 갔냐면 강원도를 갔단 말이에요, 이제 와이프 기분 전환시켜 주고 저기 하려고.

그래서 둘이 강원도를 가서 그날 저녁 식사를 하면서, 저녁 식사 때 전화를 했는데 전화를 안 받는 거야, 몇 번씩 전화를 했는데. 그럴 사람이 아닌데…, 제가 한 번 전화해서 대부분 거의 바로 받지, 못 받을 상황이면 못 받을 상황이라고 문자 회신을 준단 말이에요. 근데 그런 것도 없었죠. 두세 번 했는데도 전화를 안 받아. 그래서 저녁 먹으면서 와이프한테 "형님 이상하다. 전화를 이렇게 했는데 전화를 안 받는다" [그랬어요]. 와이프도 그걸 알거든요, 그렇게 전화 안 받을 사람이 아니라는 거를. 그래 갖고 일단 '이따가 다시 해봐야지' 하고서 이제 저녁을 강원도 강릉 가서 그 앞에서 이제 식사를 하고 숙소 올라와서…, 어차피 식사하면서 술 한잔하고 좀 올라왔단 말이에요.

그래서 숙소 올라와서 씻고서 "간단하게 맥주 한잔 더 하자"고

하고서 [그 형님한테] 다시 연락은 못 하고 그냥 잤어. 잤는데 갑자기 막 전화가 오더라고요. 1시간, 2시간 정도 잤나? (면담자 : 새벽에 전화가?) 예. 새벽에 연락 온 게 누구냐면, 우리 가족, 그 당시에 이제 진도에서 몇몇 그룹, 유민이를 포함한 몇몇 그룹이 가까이 지냈다고 했잖아요. 그중에 한 명이 연락을, 전화를 준 거예요, 이런 일이 있다고…. (면담자 : 그분도 미수습자 가족이셨어요?) 아니, 먼저 찾아갖고 올라갔죠. 그 멤버들 중에서 제가 제일 늦게 올라온 거고.

면담자　　　그분이 소식을 전해서 듣고 아버님께 연락을 주신 거군요.

중근 아빠　　　그렇죠. 그래 가지고 이런 일이 있다고 얘기하는데, 어떻게 된 [건지 모르겠지만 그런 일이] 있다고 나한테 연락을 주더라고요. 그래 갖고 저도 이제 깜짝 놀랜 거죠, 와이프도. "그때 저녁에 전화를 안 받은 게 아마 그런 상황, 어떤 상황이 있었기 때문에 좀 전화를 안 받은 거 같다", 근데 [제가 전화를 한] 그때는 그 형님도 저녁 식사하는 그 타임, 시간이었어요, 실제 본인이 극단적인 선택을 한 그 시간이 아니고. 그래서 같이 있던 분들하고 얘기를 하든지 뭐 하든지 하면서 언성이 오갔던 거 같아요, 내가 봤을 때. 그때가 진급 누락된…, 그 일로 가까운 분들이 식사 자리하면서 얘기가 있었던 거 같아요. 제가 어디까지나 추측이에요[추측하는 거예요], 그때 정황을.

　　그래 갖고 새벽에, 늦은 시간에 그 연락을 받고…, 이제 확인을 해봐야 되는 거잖아요, 저도 이제 어떻게 된 건지. 뭐 이게 맞는지 안 맞는지 확인을…, 진도서 정보계장, 진도서장, 그다음에 해경 쪽, 그 진도체육관에 나와 있는 해경상황실, 그다음에 국회의원 김명연 의원, 김명연 의원은 제 학교 선배거든요, 그래서 어차피 잘 알잖아요. 전화해서 "이런 얘기가 들리는데 이거 어떻게 된 건지 혹시 아냐?"고 물어봤더니 "사실이다" (잠시 침묵) 근데 그 얘기를 듣고서 이제 와이프하고…, 정신을 못 차리고 이제 잠도 못 자겠는 거예요. 잠도 못 자겠는데, "지금 이거 어떻게, 어떻게 해야 되겠냐?" 그래 갖고 와이프한테 [물었더니] 와이프도 자기도 결정을 못 하는 거예요. [그래서] "지금 짐 싸갖고 가자. 어차피 잠도 못 잘 거 그냥 계속 있으면 뭐 해. 그냥 내려가자" 그래 가지고 그 새벽에 거기서 4시경인가? 새벽 4시경에 짐 싸서 출발했어요.

출발했는데 그날따라 대관령 안개가 얼마나 많이 끼었는지 와이프는 진짜 기겁을 하더라고요. 나도 어차피 저녁 때 술 먹고…, (면담자 : 그죠, 몇 시간 안 지났으니까) 저녁에 술 먹었지, 자기 직전에 또 술 먹고 잠 못 잤잖아요. 어차피 이게 [음주측정기] 불면 나왔을, 분명히 나왔을 거야. 근데도 뭐 어쩔 수 없겠더라고요, 잠도 못 자겠고 거기서 있을 수도 없겠고. 그래서 새벽에 내려오면서 대관령 넘을 때 그 안개 때문에…, (면담자 : 거기가 안개가 좀 심하죠) 네. 와이프는, 와이프는 무섭다고 그냥 소리도 질렀고…. 그 정도까지 해서 대관령 넘어서…, 중간에 하도 졸려서 두세 번씩 쉬면서 도착한 게 11시, 12시? (면담자 : 엄청나게 멀잖아요, 강릉에서 전라도에는) 진도대교 도착한 게.

그래서 해남 쪽에서 어차피 넘어가잖아요. 넘어가면 어차피 검

문소 있고, 상황실 거기 차려졌더라고. 거기 도착한 게 11시 정도? 도착했을 땐 거기 계신 분들 대부분 다 아는 사람들이니까, 뭐 진도서, 해경 다 있고…. 그래서 거기 가서 자초지종 얘기 듣고, 실제 저기 뭐야, 그거 한 장소가 어디라는 것도 다 저한테 알려주고, 그날 저녁에 어디 어디 들러서 여기 왔다는 그 내용도 다 알려주고…. 실제 그 다리 위에서 근처에서 제일 가까이 얘기하셨던 분, 주위에 그 파출소장님이죠, 그분도 거기 계셨고….

"진급 때문에 열이 받아서 투신했다"는 얘기가 계속 나오는데, [단순히] 그[런]건 아니다. 그 사람도 그 수많은 가족들이 아이를 찾아서 나오는 거 다 봐주고, 가족들 위로해 주고 하면서 그만큼 그 사람도 힘들었[고 그런] 힘든 과정에 그 사람이 저기 하는데 그런 거를 조금이라도 보상을 해주려면 진급을 시켜주든지, 근데 진급을 누락을 시키고 했던 내용들이 그 사람도 이제 거기에… 본인 나름대로 울분을 토하는 내용이 이제 극단적인 선택을 했다' 저는 그렇게 보여지는 거고요.

면담자   그러니까 그게 별개의 일이 아닌 거죠, 사실은.

중근 아빠   그렇죠, 계속 이어져 온 거죠. 정신적인 트라우마가 계속 쌓이고 쌓이고 오다가 이제 결정적인 불을 댕긴 거는 그거였다고 좀 생각이 되는 거고요.

면담자   그분은 바로 수습이 되셨나요?

중근 아빠   바로 수습은 됐죠. 거의… 그때 5일인가, 7일인가 걸렸죠? 그날 와이프하고 올라왔다가…, 저는 그때 하루? 하루인가,

이를 이제 와이프하고 있다가, 시간이 좀 걸릴 거 같아서 와이프 이
제 데려다주러, 어차피 다시 출근해야 되니까 이제 올라왔어요. 올
라오고 저는 이제…, 올라가기 전에, 어차피 해경이라든가 주위에
어민들이 이제 도와줘야 찾잖아요? 거기가 또 물살이 원체 센 데라
서 한 번 올라왔을 때 찾지 않으면 진짜 찾기 힘든 저기라서…, 해경
도 어차피 사고 현장 거기에 다니는 인력들도 계속 있지만 "이쪽에
좀 투입해 줄 수 있는 인력들 좀 제발 좀 투입해서 좀 해달라"[고] 해
경에 부탁해서 해경 경비정, 그다음에 해경 헬기, 이런 거 좀 동원해
서 해줄 수 있는 요청을 또 제가 또 거기 가서 그것도 했어요, 형님
을 찾아야 되니까.

면담자   해경에서 적극적으로 그렇게 모든 수단을 다 동원해
서 찾으려고 하지 않았나요?

중근 아빠   아, 그거는 그냥 일반적인 투신 사건이기 때문에 거
기에 나와 있는 그 일반적인 병력, 저기 뭐야, 인원들밖에 투입을
안 해요.

면담자   정해져 있는 그 규정에 맞춰서만?

중근 아빠   그렇죠. 그렇다고 그 주위에 최선을 다해서 찾고 저기
하는데, 해경도 사고 해역에 담당 나와서 있는 인원들[하고] 장비[하
고] 있고, 또 해경의 본연의 업무를 해서 다니는 또 인원들, 장비들
있잖아요. 그 사람들도 어차피 좀 쉬고 다니고 [하면서] 일해야 되는
데…, 쉬려고 들어온 인원들을 마음대로 뺄 수는 없잖아요? 그래서
최대한 위에 좀 얘기를 해서 "투입을 시켜서 좀 찾을 수 있게 좀 도

와달라" 그런….

면담자   그럼 외부에서까지 오셔야 되는 거네요? 충원이 되셔야 되는…

중근 아빠   그렇죠. 주위에서 조금이라도 비번이라든가, 뭐 이렇게 되는 배라든가 인원들이 투입되는 거죠. 또 그리고 중간에 사고…, 맹골수도 사고 현장에 가는 헬기가 있잖아요? 헬기가 있으면, 그 헬기에 그 어차피 지나가는 저기거든요. 그래서 잠깐 그 주위를 좀 위에서 봐주고 좀 가게끔, 그렇게도 좀 도움 요청하고…, 그렇게 하고 와이프 때문에 올라왔어요. 올라와서 하루 이틀 있는데 찾았다고….

면담자   그게 헬기로 발견이 된 건가요, 아니면?

중근 아빠   헬기는 아니고 그 주위에 이제 어민들, 어민들 배에서 찾게 된….

면담자   그분이야말로 정말로 그렇게 아니었으면 못 찾을 수도 있는….

중근 아빠   거기가 목포 그…, 진도대교가, 목포대교가 아니라 진도대교, 거기가 물살이 원체 센 데라고 하잖아요. 그래서 거기선 한번 빠져서 올라왔을 때 못 찾으면 진짜 못 찾는다고 하는 수역이라 저희도 되게 그거를 되게 우려를 했던 거고요, 다행히 시간이 며칠 지났지만 찾을 수 있었고…. 그래서 저희는 여기서 수색하는 거 좀 보고 와이프 때문에 올라간 상황이었는데, 또 바로 찾았다고 해서 다시 내려와서…, 와이프는 발인하는 날, 영결식 하는 날, 그날 거기서만 참석하고 올라가고, 저는 발인식 하는 거, 장례 절차 다 보고 다시 이쪽에 진도에 있다가 다시 또 올라가고….

면담자   아마 그 시점이 당시에 해경 해체한다고 발표한 뒤였던, 그랬을 거 같은데….

중근 아빠   그게, 발표한 게 저기잖아요. 그 당시에 '악어의 눈물'이라고 칭하는 담화 발표할 때 해경 해체 얘기가 나온 거잖아요.

면담자   예. 뭔가 이렇게 좀 혼선이 있거나 그러지는 않았나요? 변화가 혹시 있지 않았나요?

중근 아빠   그 당시에는 크게 혼선이 없었죠. 아직 그것만 발표를 했지, 실질적으로 어떻게 하겠다는 내용들이 정해지지 않은 상태였기 때문에 그 당시에는 뭐 그닥….

면담자   그렇다고 업무가 마비되거나 이런 거는 아니었네요.

중근 아빠   그렇죠.

8
참사 이후 가족심리상담, 첫째의 군대 문제

면담자   사실 아버님, 중근이 데리고 올라가실 때에는 진도에는 다시 오고 싶지 않다는 생각도 많이 드셨을 것도 같은데요.

중근 아빠   근데 그런 생각을 하지는 않았고요. '아예 내려오지 않는다' 그런 생각은 하지는 않았고, 중근이 찾았으니까 보내주고 내려와서 저희 가족들 있는 동안에 도와주신 분들 인사하고, 또 찾지 못하고 아직 남아 있는 가족들을 위해서 어차피 또 제가 할 수 있는 일이 있을 거니까 '도움을 줘야겠다' 하는 생각으로 계속 진도[에] 몇 번을 왔다 갔다 했죠.

면담자   어쩌면 남은 가족분들 입장에서는 아이를 찾은 부모님들이 그렇게 내려오시면 한편으로는 정말 고마운 마음이 많이 들면서도 또 막상 같이 있다가 올라간다고 하면 좀 서운하기도 하고, (중근 아빠: 그럼요, 있어요) 또 처지가 다르니까 그런 것들이 부럽기도 하시고…, 마음이 복잡하셨을 것 같아요.

중근 아빠   진짜 아주 가까운 가족, 아니면 아이 가족, 뭐 다른 아이 가족[들이] 오고 가는 거에 대해서 크게 저기 하진 않는데…. [진도에] 있으면서, 특히 저희 반 가족들이 다 내려왔다가 가고 이런 적이 몇 번 있거든요, 아니면 개별적으로 따로 왔다 가기도 하고. 그런데, 와서 얘기하고 저기 하는 게 큰 도움은 안 되죠. 실제 도움을 준다는 거는 사고 현장에 가서 아이 찾는 거에 어떤 이게 도움이 돼야 되는데, 그런 게 없고 그냥 와서 얼굴 마주 보고 잠깐 몇 마디 하고 이러는 거밖에 없으니까요. 어차피 그분들이 뭐 그 당시에는 부럽고…, '차라리 올라갔으니까 안 보는 게 더 낫겠다' 하는 그런 생각도 한편으로 들고요. (면담자: 네, 그러셨을 거 같아요) 네. 뭐… 동전의 양면이라고, 한쪽은 '부럽다', 한쪽은 '좀 안 보고 그냥 나중에 올라가서 보면 되지 않겠나' 그런 생각도 들고요.

면담자   네. 그렇죠. 그 당시에는 진도에 계속 계실 수밖에 없는 분들과 잠깐씩 왔다 가시는 분들하고는 (중근 아빠 : 그렇죠) 너무 상황이 다르다고 생각하셨을 거 같아요. 또 큰 의미에서 보면 어쨌든 아이를 잃은 거는 마찬가지라고 하더라도 그때는 찾은 것과 안 찾은 거는 (중근 아빠 : 차이가 크니까요) 큰 차이였던 거죠. 중근이 올라와서 이제 장례도 하시고, 그때 중근이 형하고 누나는, 지난번에 누나는 학교 휴학했다고 하셨었는데….

중근 아빠   그때 사고 이후에 바로 휴학을 했고요. 지 형은 학기 계속 다니면서 저기 하겠다고 그래서 일단 알았다고 그냥 놔뒀어요. 그랬는데 기말고사 보기 직전에 도저히 자기도 힘드니 그냥 휴학을 했으면 좋겠다고 하더라고요.

면담자   그게 중근이 나오고 나서인가요? 그 무렵이 딱 기말고사 볼 시점, 그 직전인데….

중근 아빠   찾기 직전이었던 거 같은데? 전후? 전이었던 거 같아요, 찾기 전, 찾기 직전에 그 얘기를 하길래…. 근데 보통 학기가 중간고사 보기 전에 휴학을 하면 대부분 휴학계를 받아주잖아요. 근데 중간고사 지나고 기말고사 볼 시점 다 됐는데 그 휴학계를 한다는 게 쉽지가 않았거든요. 제가 중근이를 찾기 전인지 후인지 그 시점은 정확하게 지금 기억이 안 나는데, 좌우지간 ○○이가 그 얘기를 해서 학교를 같이 갔어요. 학교 같이 가서 학과장 만나서 "상황이 이런데 어떻게 하겠습니까? 좀 되는 방향으로 좀 해달라"고 그렇게 해서…, 휴학을 받아주고요. 휴학을 받아주고 1학기 등록금 낸 것도 그대로 살려주고 그렇게, 학교에서 그렇게 배려를 해줬죠.

면담자   괜찮을 거라고 생각했다가 다시 학교를 휴학한다고 하는 데에는 어떤 계기가 있었던 건가요? 아니면 점점 마음이 좀 안 좋아져서 그런 건가요?

중근 아빠   점점 뭐…, 시간이 길어지니까 저도 이제 마음이 안정이 안 되고 도저히 시험 볼 준비도 안 되고 그러니 "좀 휴학을 했으면 좋겠다"고 얘길 하니까, 지 혼자서는 학교에 얘기가 안 되니 저한테 얘기를 해서 제가 직접 같이 찾아가서 그렇게 얘기를 하게 된 거죠.

면담자   진도에 계시는 동안에는 그러면은 일단 아이들끼리 생활을 하고 있었던 거예요?

중근 아빠   예, 그렇죠. 집에는 아이들 둘이 생활을 하고 주위에 이제 친척분들이 있으니까, 자기 이모, 삼촌들도 있고 그래서 가끔 왔다 가기도 하고…. 그다음에 그 당시에 또 뭐가 있었냐면… 그 반찬하고 식사 이렇게 해서 집에 갖다주는 저기가 있었어요. 그래서 그것도 먹기도 하고, 지들이 알아서 챙겨…, 해서 먹기도 하고 [했던 거 같아요]. 아이들도 나름대로 또 지들끼리 생활하는 게 또…, 그렇게 생활하는 게 쉽지가 않[았겠]죠.

면담자   그렇죠. 혹시 특별히 상담이 필요하다거나 그런 거는 없었어요?

중근 아빠   상담은, 저희가 어떻게 해서 상담을 하게 됐냐면, 저희는 정혜신 박사님을 소개를 받았어요, 진도에 있을 때. (면담자 : 진도에 계실 때?) 예, 진도에 있을 때 그분을 저희 가족…, 치료하는 저기로, 주치의로 소개를 받았어요. 소개해 주신 분이 저희 그 당시 YM 회장님. (면담자 : 박용만 회장님?) 예, 회장님이 직접 그분들하고 같이 식사 자리 만들어서 그분을 소개를 시켜주셨어요. 그래서 올라와서 있을 때 저희 가족 전체가 박사님하고 좀 면담도 하고요, 지금까지도 어떤 고민거리가 있고 저기 하면 연락해서 풀기도 하고요.

면담자　　그럼 가족 네 분이 같이하시나요, 아니면 다 따로따로 하시나요?

중근 아빠　　처음에는 저희 네 명이 같이했고요. 같이했고 뭐 따로따로 하는 거는 그 뒤에는 별로 없었어요. 그러니까 저희가 어떤 고민거리나 힘든 사항이 있으면 연락을 해서 통화하면서 저기 하기도 하고 제가 직접 찾아가기도 하고, 네.

면담자　　그게 필요하다고 생각되신 때는 어떤 때가 있을까요? 네 분 사이에서 뭔가 갈등이 빚어지거나 이런 것도 있을 수도 있었을 거 같은데요.

중근 아빠　　뭐 다른 건 없었고요, 아이들 생활하는 게 부모 뜻대로 좀 안 되는 경우도 있잖아요. [저는] '아, 저런 생활 패턴은 안 했으면 좋겠는데' [하고 생각하는데] 지는 계속한다는… 그[런]게 있는데, 그거를 계속 저는 "안 했으면 좋겠다" 얘기를 하는데도 계속해서 그래서, 이거를 나 혼자 그냥 무조건 그냥 "하지 마라, 하지 마라" 할 수도 없고 그래서, 그런 상황을 이제 박사님한테 "이런 상황이 계속 있어서 이렇게 돼가고 있는데 제가 어떻게 하면 될까요?" 그러면 박사님이 "네가 마음을 비우고 그냥 내려놔" [하고 이야기해 주시고 했죠].

면담자　해결책이 "마음을 비우고 내려놓으라".

중근 아빠　근데 박사님이 저한테 그런 얘기해 주시잖아요. 제가 막상 그 얘기를 듣고 "제가 그게 될까요? 잘 모르겠어요. 될지 안 될지 모르겠어요", 근데 어쨌든 그거를 해결하는 방법은 "중근이 아빠가 내려놓을 수밖에 없다" 그러시더라고요.

면담자　맞던가요, 그 해결 방법이?

중근 아빠　근데 그게 맞긴 하는데, 그렇게 생활을 좀 하긴 했어요. 근데… (면담자 : 완전히 내려놓으신 게 아닌?) 그게 쉽지가 않더라고요, 진짜 어렵더라고요. 근데 내려놓는 생활을 좀 했을 때, 아이들이 저한테 하는 얘기가, 엄마 통해서 얘기가 들어왔어요. "요새 아빠 무슨 일 있어요?" (면담자 : 사람이 달라졌다?) "좀 달라졌는데 이상해요. 무슨 일 있어요?" 그 얘기를 이제 통해서 들었거든요. 또 애기 엄마는 "다 너희들 때문이지 왜 그러겠어" 또 그렇게 얘기를 하고….

면담자　그게 아이들한테도, ○○이한테는 아마 정도의 차이가 있을지는 잘 모르겠지만, 하여튼 많이 힘든 일일 수밖에 없었을 텐데….

중근 아빠　그렇죠, 힘들었죠. 어차피 지는 나름대로 학업을 계속할 수 있을 거라고 생각을 했는데 시간은 길어지고 저기 하다 보니까 자기도 도저히 '못 견디겠다' 싶어서 휴학을 하게 됐고…. 그게 이제

6월 그때 휴학을 하게 된 거고요. 그다음에 어차피 2학기 하반기에는, 뭐 온마음센터는 나중에 만들어졌지만 '이웃' 만들어지고 또 저기 하면서 거기 왔다 갔다 하면서 자기 나름대로 박사님도 만나고 다른 형제들도 만나면서…, (면담자 : 다른 형제들하고도 좀?) 다른 가족 형제들하고 이렇게 많이 다니고 그랬거든요. 그러면서 치료가 좀 많이 되는가 싶었어요. 그렇게 됐을 거라고 저도 좀 생각을 했었고요.

　근데 또 ○○이 같은 경우에는 이제 군대 문제가 또 걸려 있잖아요? 그래서 군대도 어차피 이제 1학기 저기[휴학] 하면서 신체검사도 "어차피 갈 거면 신체검사 빨리 받고 입영 신청을 해서 저기 해야 네가 나중에 [군대] 갔다 오고 복학하는 시간을 맞출 수가 있다" 그렇게 얘기했는데, 지는 또 신체검사도 늦게 받고 입영 신청하는 것도 늦게 해놓은 거예요. 이게 안 맞는 거야, 날짜가, 육군으로 갔다 오는 게. "그럼 너 나중에 지금 1년 쉬고, 2년 군대 갔다 오고, 복학 날짜 안 맞으면 (면담자 : 또 한 학기 쉬어야 되고) 4년을 지금 쉬게 되는 공백이 생긴다. 그럼 너 어떡했으면 좋겠냐. 이제 한번 고민을 해보자" 하고, 하는 중에 제가 날짜상으로 저기 해서 보니까 해군은 어차피 지원이잖아요? (면담자 : 예, 그렇죠. 해군, 공군은 지원이지요) 예, 지원이잖아요. 공군은 또 기간이 몇 개월 더 길고, 육군은 날짜를 맞출 수가 없고, 그러면 "해군을 지원해서 가는 건 어떻겠니?" 그래서 고민을 하다가 자기도 "해군 갔다 올게요" 이렇게 결정을 하고….

　어차피 진도에서 거기 있을 때 알게 된 해군장교 있잖아요? [그분한테] "이만저만해서 아들이 해군 지원을 하기로 했는데" [하고 상의를 했죠]. 거기는 성적으로 다 따져요, 고등학교 성적을. "이렇게 하

중근 아빠 안영진

기로 했다. 지원을 하는데, 합격하는 데 조금 도움을 주고 복무해서 제대할 수 있게 좀 도와주라" 이렇게 얘기를 해서, 입대하는 걸 다 결정이 되고, 근데 한 일주일인가 열흘 전에 애가 폭발을 하는 거예요. "중근이 잃고 이런이런 저기 한 생활에 이렇게 하고 있는 상황인데, 내가 군대를 가야 돼요?" (면담자 : 가기 싫었을 거 같아요) 그러니까요. 그때쯤에 이제 결국은 폭발하더라고요. (면담자 : 입영 날짜를 받아놓고) 다 받아놓고 이제 며칠 안 남은 상태에서.

그래서 ○○이 어차피 지가 폭발하는 거 다 일단 얘기 들어주고, 근데 뭐 "지금에 와서 그거를 취소할 수도 없고, 어차피 '그렇게 하는 게 어떻겠니?' 하는 거에 대해서 너한테 의견을 다 구했고, 네가 결정을 했고 가기로 했는데, 네가 이제사 못 하면 어떻겠냐, 이러면 어떡하냐?" [하고 말은 했어요]. 근데 뭐 그 마음을 모르는 건 아니죠. 그래서 그때도 "이런 상황이 벌어졌습니다" 하고 정 박사님한테 얘기해서 또 조언을 구해서 ○○이 또 마음 달래가지고, 결국은 군에 입대해서 생활하고 이상 없이 군복무 마치고 복학을 해서 생활할 수 있게 이렇게… 뭐 저희도 마찬가지고 가족들도 마찬가지지만 박사님도 많이 도움을 주셔서…, 여러 사람들이 이제 많이 도움을 준 거죠.

면담자　　그 당시에 안 보낼 수 있는 방법은 없었던 거예요?

중근 아빠　　그 당시에 안 보낼 수 있는 방법은 없었어요.

면담자　　그게 가족 지원책 중에서 그런 것들이….

중근 아빠　　예, 없었어요.

면담자   그런 경우가 형제자매 중에 많이 있었을 텐데….

중근 아빠   형제들 중에 저기 뭐야, 어떤 질병이라든가 어떤 결격 사유가 있으면 안 갔는데, 정상적으로 신체검사해서 1등급, 2등급 다 받은 [아이들은], 좀 기간을 늦게 입영하는 저기는 있지만 아예 면제는 없었어요.

면담자   엄청 걱정을 많이 하셨겠네요, 그때 정말 어떻게 해야 되나 하고.

중근 아빠   그렇죠. 입영을 늦게 한다고 해서 본인한테 득이 되는 상황도 아니고…, 어차피 입영을 늦게 한다고 그러면 지금 1년 쉬었 잖아요? 다시 그다음 해에 복학을 해서 다녀, 다니다가 어차피 군대를 갔다 와야 되잖아? (면담자 : 어차피 똑같은 상황이니까) 네. "그러면 그냥 이 상황에 먼저 군대 갔다 와서 복학을 해서 처음부터 그냥 새로운 마음으로 갈래? 아니면 중간에 다시 복학해서 1년 다니다가 군대 갔다 와서 또 복학해서 생활하면서 졸업을 할래? 어느 게 낫겠냐?" 이런 상황을 다 조목조목 애한테 얘기를 해주고 "결정은 네가 하는 거지, 결정은 아빠가 하는 게 아니다. 고민을 해서 선택을 해봐라" [했지요].

면담자   그러면 해군 보내실 때는 또 바다로 가는 게 좀 마음에 걸리시지 않으셨어요?

중근 아빠   그랬죠. 제가 뭐 그때 해군 보내고 싶어서 보냈겠어요? 본인 하는 전체 생활을 보고서 얘길 해주고 "갈 건지 말 건지, 본인이 한번 생각을 해보고 결정을 해라" 그렇게 했던 거예요. (잠시 침묵) 뭐 주위에서 "굳이 왜 또 해군을 보내려고 그러느냐" 그런 얘기도 있었죠.

면담자   주변에 다른 가족들이요? 사실 아버님은 육군이든 해군이든 다 보내고 싶지 않으셨겠죠, 당연히. 본인도 당연히 가기 싫었을 거고요.

증근 아빠   그렇죠. 군에 가는 거는, 군에 보내는 거는 다 좀 저기한데 "굳이 왜 꼭 군복무 하러 가는데 왜 또 해군을 지원해서 가냐" 그런 얘기도 있었고요.

면담자   그래도 그게 참 인연이 그렇긴 하지만, 어쨌든 해군에서 아버님 아시는 인연이 생겨가지고 군생활에 그런 점이 좀 고려가 되기는 했었나요? 적어도 유가족 형제라는 거는 군에서도 파악을 하고 있었던 거였죠?

증근 아빠   유가족 형제라는 거는 어차피 다 거기서는 알죠.

면담자   그게 병무행정에서도 다 파악이 되고 있었던 건가요? 아버님 혹시 알고 계세요?

증근 아빠   병무행정 자체에서는 모르겠어요. 있었는지 없었는지 모르겠지만…, 실제 정상적으로 입소해서 훈련받을 때부터 본인은 같은 훈련병들이랑 얘기는 안 하지만 어차피 군에서는 얘가 유가족 형제라는 거는 알고 있는 상황이고요. 제가 또 부탁했던 분이 있으니까 그분이 얘기를 [하면 전달돼서] 내려갈 거 아니에요.

면담자	그분은 계급이 어느 정도였던 거예요?
중근 아빠	그 당시 별 둘.
면담자	(웃으며) 아니 그분이 진도에 상주를 하고 계셨던 건 아니고? 상주를 하고 계셨어요?
중근 아빠	상주하고 있었죠. 파견 나와 있었죠.
면담자	아! 연배가 그러면은 아버님보다도 좀….
중근 아빠	저보다 나이 위죠.
면담자	많으시겠네요?
중근 아빠	그렇죠, 몇 년 위죠.

9
복직 이후 간담회 참여, 신앙의 유지

면담자	네. 그리고 앞선 질문에서 제가 놓친 게 있어서 조금 더 여쭤볼게요. 진도에서 중근이 나오기 전까지 매일이 어떻게 보면 같은 일들의 반복이라고 할 수 있었을 텐데, 가까이 지내시던 분들이랑 어떻게 시간을 보내셨나요? 주로 얘기를 나누셨나요?
중근 아빠	저는 어차피 낮에는, 낮에는 아침에 일어나서 씻고 아침 먹고 범대본 회의 갔다가 현장 바지선에 갔다가 그날 돌아오면 저녁에 브리핑 설명 듣고, 설명하는 거 저기 하고, 가족들 얘기 듣고

그러고 나서 늦게, 대부분 늦게 이제 체육관[에] 도착하잖아요? 근데 저는 이렇게 계속 밖으로 돌아요. 애기 엄마는 거의 그냥 체육관 안에 있는 거죠. 밖에 나오는 거는 이제 뭐… 식사할 때? 아니면 볼일 보러 가거나 저기 할 때 외에는 대부분 그 안에서 생활한단 말이에요, 잠깐 주위에 산책한다거나 이런 거 외에는.

근데 진도 안쪽에 식당들이 몇 군데 있어요, 주위에. (면담자 : 체육관 근처인 건가요?) 아니요, 저기 군청 근처, 군청 근처에. 근데 저희가…, 그게 아까 자원봉사 오신 분 중에 부녀회, [진도군]새마을[부녀]회에 계신 분 있다 그랬잖아요? 그런데 그분이 이제 계속 와서 자원봉사 하고 저녁도 늦게까지 있고 그러니까 어차피 저희는, 가족들은 다 보고 얘기하다 보면 얘기가 되잖아요. 근데 그분이 애기 엄마하고 또 좀 가까워졌어요. 가까워져서 이런저런 얘기하다가…, 그때 또 거기에 있는 동안에 제 생일이 있었어요. 생일이라고 하니까 그분이 "그러면 밥 한 끼 사줄게" 이렇게 돼서 시내 쪽에 나가서 한정식집, 한정식집이고요, 거기 가서 좀 먹는 기회도 있었고…. 그다음에 거기 말고[도] 저희 가족들끼리 처음에 가기도 한 집이 세 집인데, 한정식집, 그다음에…, 이런 집들은 대부분 ×× 형님[투신자살한 진도 경찰관]하고 우리 가족들 몇 명 그렇게 가서 먹는 집들[이었어요]. 그렇게 해서 있다가 같이 가던 가족들은 [아이를] 먼저 찾았으니까 올라가고…, 저하고 와이프하고 그다음에 ×× 형님, 거의 세 명은 뭐 매일 가서 저녁때는 술 마시고 그래요. 그렇게 해서 지내는 거죠.

면담자 그래도 체육관에서 군청까지 거기도 거리가 좀 제법 되지 않나요? 약간 걸어갈 수 있는 거리인가요?

중근 아빠   걸어서, 걸어서 10분 15분, 네, 군청 그 사거리 쪽. 아니면 또 태워줄 수 있는 사람 있으면 태워주고, 픽업할 수 있는 사람은 그런 거 가능하니까.

면담자   그러면 어머니는 낮에 체육관에 계실 때에는 어떻게 지내셨나요? 저녁때 같이 모이시면 하루가 어땠는지 서로 안부를 묻고 하셨을 거 같은데….

중근 아빠   그렇죠. 낮에는 거기 안에 있는 가족들하고 보내는…, 그중에서 제일 많이 얘기했던 사람이 황지현이 어머니.

면담자   네, 지현이 어머니. 그러면 어머니는 중근이 데리고 올라오셨을 때 지현이네가 많이 마음에 또 걸리셨겠네요.

중근 아빠   뭐 다른 집도 그렇지만 다른 집들보다도 지현이네하고 상당히 얘기…, 마음 뭐 이런 소통이 제일 많이 했다고 하더라고요.

면담자   (한숨 쉬며) 그리고 아버님, 회사 복직하신 거는 중근이 찾고 거의 한 달 좀 못 돼서, 7월부터 바로 복직하신 건가요?

중근 아빠   예, 그렇죠. 한 뭐 7월 중순, 찾고 거의 한 달…, (면담자: 한 달 정도 후에) 그래서 7월 중순경 복귀를 해서 한 열흘에서 2주 근무하고, 휴가 끝나고 다시 또 근무 시작하고요.

면담자   근무하시는 데 어려움은 없으셨어요?

중근 아빠   근무는 그 당시에 하던 업무들이 그렇게 아주 제가 없으면 안 돌아가는 그런 업무는 크게 아니었고요. 제가 하던 업무들[은] 다른 직원들이 그래도 다 분배해서 다 처리해 주고 있었고, 그래서 업무 배려는 상당히 많이 받았죠.

면담자　　　어머님도 아버님보다 먼저 출근을 하시게 된 거네요? (중근 아빠 : 그렇죠, 먼저) 다시 일하시기 힘드셨을 것 같은데, 어머님 한테 쉬라고는 안 하셨어요?

중근 아빠　　그거는 저도 쉬라고 하고 싶죠. 하고 싶은데, 어차피 병원 사정도 있는 거고 개인병원이잖아요. 와이프가 직접 하는 병원 이 아니고 자기도 이제 월급 받고 직장생활을 하는 건데 본인 마음 대로 할 수는 없잖아요. 그동안 그 밑에 내려가서 [아이] 찾고 그다음 에 와서 보내고 그 이후에 조금 날짜 더 쉬고 그랬는데, 그 시간만 해도 길잖아요.

면담자　　　하긴 병원에서도 나름 기다려주신 거네요.

중근 아빠　　와이프 없는 동안 그 병원은 병원 나름대로 또 힘들었 으니까.

면담자　　　어머님은 일 다시 가시면서 좀 힘들어하지는 않으셨 어요?

중근 아빠　　힘들어했죠. 어차피 출근하는 날짜는 정해져 있었고 [그래서] 출근하기 전에 좀 쉴려고 [강원도] 갔었는데, 또 ×× 형님의 안 좋은 소식에 거기 왔다 갔다 하고…, 그런 시간들이 많이 있었 으니까.

면담자　　　네, 그러셨을 거 같아요. 그리고 그때 한창 가족협의 회에서는 특별법 서명받으러 전국에 다니시기도 하고 서명운동도 하시고 국회 농성도 시작했었는데, 실제로 아버님은 회사 복직하시다 보니까 직접 많이 참여를 하시거나 그러시긴 힘드셨겠네요.

중근 아빠   예. 근데 뭐… 전국서명 다닌 거는 거의 못 갔고요, 광화문하고 국회에 있을 때는 거기도 뭐 주말 정도나 그렇게 갈 수밖에 없었고, 평일은 진짜 힘든 상황이었고…. 그 당시에 다른 데, 어디 서명받는 데 있고 무슨 간담회 있으면 저는 근무 끝나고 집으로 오는 그 라인에서 갈 수 있는 데[를] 이렇게 몇 군데를 찍어서 그렇게 좀 다니고 그렇게 했던 상황이에요.

면담자   그때 회사는 용인 수지에서 계속 다니던 때인 거죠? 그럼 그 경로에 맞춰서 가실 수 있는 데를 평일에 퇴근하고 이제 가시는 거예요? 기억에 남는 혹시 일화 있으세요, 간담회 가셨던 중에서? 혼자 가시나요, 아니면 다른 가족분들 같이 가시나요?

중근 아빠   혼자 갈 때도 있고요, 다른, 처음에는 다른 분하고 그렇게 둘이 갔을 때도 있고요. 제일 처음에 간담회에 갔던 거는 창원. (면담자 : 멀리 가셨네요) 창원에 저희 그때, 어차피 그때는… 아, 그때는 9월이구나, 나중이구나. 그때는 중근이 생일이 어차피 9월, 9월 달이었는데 우연찮게 생일 전날 창원을 저희 반[가족]들이 갔어요. 갔다가 거기서 [간담회] 하고 바로 올라오는 그런 일정으로 갔었던 거고요. 그날 중근이 생일 겸 어떻게 우연찮게 그렇게 됐고 거기 가서 이런저런 얘기들 상당히 많이 했었고요. 그 전에는 또 갔었던 데가 저기…, [용인시 수지읍] 고기리라고, 고기교회 거기도 갔었던 기억이 있고요.

면담자   고기리? 거기는 어디예요?

중근 아빠   용인. 거기에서…, (면담자 : 교회에서?) 예, 교회에서 [간담회가] 있었고. 그리고 수원 칠보산? (면담자 : 칠보산) 거기 갔던 기억이 나요.

면담자   그럼 말씀 나온 김에, 아버님 교회 신앙생활을 꾸준히 유지하실 수 있었던 뭔가 계기나 요인이 있을까요?

중근 아빠   저희가 지금 신앙생활 하는 거요? 지금 와이프 만나기 전까지는 저희는 천주교였어요. 아이들도 그렇고 저도 그렇고 부모님, 그다음에 여동생, (면담자 : 집안이?) 다 천주교였거든요. 그런데 뭐 중간에 신앙생활, 천주교 신앙생활이 아주 충실하게 한 건 아니고 좀 흐트러져 있는 상황에 이제 애기 엄마를 만났고요. 애기 엄마는 가족이 다 기독교. 어차피 같이 살고 저기 하면서 어느 한쪽으로는, 종교는 둘은 다 못 하고 한쪽으로 해야 되는 상황이 되는 거죠. 그랬을 때는 어떡하겠어요, 여자 쪽 가야죠. 그래서 저희 이제 남자 셋은 기독교로 다 바꾼 거죠.

면담자   교회는 열심히 나가셨나요?

중근 아빠   그렇죠. 열심히 나갔고 그 당시에 이제 중근이도 저기 하고 하면서…, 교회에 찬양대가 있어요. 기타, 드럼, 이렇게 하는 게 있거든요. 그 당시에 중근이는 전자기타, 전자기타 배우기 시작했고, 14년, 13년 말, 13년 말 이제 연말 때 자기가 그동안에 했던 거 같이해서 발표하는 시간도 있었고요. (면담자 : 교회에서?) 예. 그래서 그때 사준 전자기타가 아직도 그대로 있고, 중근이가 여행 가기 전에 "그럼 아빠도 한번 좀 배워봐야지?" 하고 저기 했을 때 이 악보, 저기 뭐야 코드 잡는 거, 그거 익히라고 했는데…, 아직까지도 그걸 익히지를 못했어요.

면담자 아버님도 혹시 뭐 활동하셨어요, 교회에서?

중근 아빠 저는 교회에서 활동하는 건 없어요.

면담자 그때 개종을 하셨다고 하더라도 사실은 원래 믿음이 있으셨는데, 참사가 혹시 그 믿음에 약간 회의를 가져오거나 그러진 않으셨어요?

중근 아빠 그런 적은 없었어요.

면담자 뭔가 막 이런 원망, 왜 나한테 이런 시련을 주시는가 하는 그런 건 없으셨나요?

중근 아빠 (한숨 쉬며) 저한테만 시련을 준 게 아니라 수많은 가족, 국민들한테 시련이 간 거라 그렇게까지는 안 했고요.

면담자 그럼 중근이 데려오고 나신 뒤로도 바로 다시 교회에 나가시게 되신 건가요? (중근 아빠 : 네) 교회에서도 또 걱정도 많이 해주시고 좀 그러셨을 것 같아요.

중근 아빠 예, 교회에 같이 계신 교인 분들도 [진도에] 몇 번씩 왔다 가시고…. 근데 그분들도 어차피 생활하고 있으신 분들이라 오시려고 하면 주말…, 평일은 진짜 힘들죠, 또 먼 거리고.

면담자   아, 주말에는 또 같이 교인분들도 오셔서?

중근 아빠   주말에 토요일, 토요일 날 오셨다가 가시는 분들이 되
게 많고 어차피 일요일, 주일은 거의 못 오시고…, 오시면 자기가 시
간 내서 오실 수 있는 분들은 평일 날.

면담자   그러면 중근이 장례 때도, 그 장례식도 종교에 따라
좀 다르잖아요? 그때 목사님이 오셔서 진행을 하셨나요?

중근 아빠   예, 기독교, 기독교로….

면담자   그럼 아버님, 간담회 다니실 때 혹시 참여하신 분들에
따라 차이가 좀 있던가요? 예를 들면 학생들이나 아니면 다른 일반
시민들이나, 그런 차이가 좀 있던가요? 아버님이 가셨을 때는 어떤
분들이 계셨나요?

중근 아빠   제일 처음에 올라와서 갔던 데는 안산광장, 신도시광
장 거기에 그때 주최했던 게, 민주노총에서 행사 진행하는…, 그 과
정에 거기서 처음에 발언을 할 기회가 있었고요. 그때 저 올라오고
얼마 안 됐으니까, 그쪽에서 "진도에서 있었던 내용들을 많이 설명
해 줄 수 있도록 해달라"고 해서 그런 얘기 위주로 좀 많이 했고요.
그래서 그때 그렇고, 그다음에 학교도 어차피 갔었고 학교에, 창원
저기 학교. 근데 거기는 다 학생들 위주잖아요? 그래서 학생들 위주
로 해서 지금 현재 진도 상황이 어떻고, 여기 올라와 있는 가족들은
지금 현재 어떻게 하고 있고, 어떤 내용들을 우리가 얘기를 하는지,
그거를 어떻게 지금 풀어놓으려고 하는지 그런 과정들을 좀 설명해

줬괴[요]. 어차피 그 학생들은 몇 살 차이 안 나잖아요? 그래서 그런 내용들, 좀 공감하는 내용들 많이 얘기했던 거 [같아요]. 그다음에 또 다른 데에 가면 상황이 좀 틀리죠[다르죠], 거기는. 아까는 뭐 고기리에 있는 고기교회? 거기 같은 경우는 교인들이기 때문에 어차피 연령도 다양하고 그래서 그냥 아이의 내용 위주로 그렇게 좀 많이 했었고요.

10
진상 규명을 위한 어려운 싸움, 허울뿐이었던 전 정권

면담자　　　그러면 참사 전후로 아버님의 어떤 사회의식이나 정치의식이나 지향이나 이런 것들이 변화가 있으신가요?

중근 아빠　　　조금 변하기는 했죠. 근데 이 세월호 참사가 일어나기 전에 사회적 문제라든가 전체적 문제라든가 이런 거에 완전히 이렇게 무관심했던 거는 아니고, 어차피 관심은 가지고는 있었지만 실제 제가 딱, 제가 피부로 닥치기 전까지는 깊숙이 그렇게 관여를 했던 상황은 아니라서…. 근데 이거를 겪고 나서는 실제 어떤 사건, 뭐 얘기가 있으면 '저거는 어떻게 해서 됐고 어떤 상황이었을까?' 앞으로 어떻게 될 거 같은 이런 추측하는 내용들, 그런 거를 좀 생각하는 시간을 더 갖게 됐어요.

면담자　　　네. 지금까지의 과정에서 2014년, 2015년 지날 때 특별법이 만들어지긴 했지만, 그때 가족들이 이제 수사권, 기소권을 계속 요구를 하고 계셨고, 시행령도 제대로 안 만들어지고 이런 식의 과정들이 쭉 있었는데, 아버님 혹시 그때 전망을 어떻게 하셨는지? '금방 해결되기 어렵겠다'는 생각이 드셨나요?

중근 아빠　　　일단은 만들어지는 거는, 과정은 '해서 만들어지기는 할 텐데 만들어진 시기가 상당히 힘들어질 거다' 하는 생각도 들었고요. (면담자 : 특조위가?) 예. 특별법 만들어지고 특조위 저기 하는 게 '그렇게 순탄치는 않을 거다' 하고, 어차피 저희가 국회라든가 광화문, 그다음에 청운동도 가고 막 그랬지만…, 저는 거기 가서 많이 생활이라든가 기거를 안 하고 가끔 가서 보고 아니면, 그냥 사무실에서 돌아가는 얘기[를] 계속 가족들하고 연락하면서 듣고 [했는데], '참 쉽지 않은 싸움이다'[라고 생각했죠]. 나중에는 그래도 원하는 내용은 다 들어가지 않았지만 "지금 현재 이거라도 가지고 어떻게든지 싸워서 우리가 원하는 거를 좀 쟁취해야 되지 않겠냐" 해서 그 나쁜 조건을 수용할 수밖에 없었던 거죠, 저희 가족들은. 뭐 저도 마찬가지고요. 그 당시에는 제가 특별법에 들어가서 이런 내용들이 어떻게 되는지 그렇게까지는 많은 지식이 없었던 상황이었거든요. 그래도 그 당시에 나오는 얘기들을 이렇게 들어보니까 그래도 많은 도움이 되더라고요. 이럴 때 어떻게 되는 상황이 어떻게 될 건지….

면담자　　　어쩔 수 없이 받아들여야 되는 측면도 있으셨고 어쨌든 지금 이 단계에서는 이렇게 할 수밖에 없다고 생각하셨던 거군요. 혹시 제일 답답하거나 분노를 자아내게 한 장면들이 있으신가요? 청문회나 아니면 재판, 이런 것들이 당시에 메인 언론사 보도가

161
●
3회차

아주 짧게 나오는 식이거나 아니면 그냥 인터넷 언론에서만 방송되거나 했던 것들도 있었는데요.

중근 아빠   나중에 안 얘기지만, 진도체육관을 방문해서 그 주위에 해경청장, 뭐 쭉 있고 질문을 던져서 답을 받았잖아요? 근데 질문한 내용에 답변을 하는 게 그 당시에 지금 사고 해역에 얼마만 한 장비라든가 인원이 투입돼서 하고 있다고 하는 거를 [거짓으로] 그렇게 답을 했어요. 그렇게 해경청장이 얘기를 했잖아요, 관계자가. 근데 그게 사실이 아닌데도 그거를 그렇게 받아준 대통령도 참 우스웠다, 그게 나중에 밝혀졌고요. 그다음에 청와대에 저희 가족들 가서 얘기 들어주고 저기 할 때는 "해주겠다"고, 나오면서 악수까지 하면서 배웅까지 해주고 했던 사람이, 나중에 실제 대국민담화 발표할 때 그것도 진정성 있게 받아들였어요, 그 눈물까지도? (면담자 : 정말요?) 그 당시에는…. 그 당시에는 그게 받아들여졌는데, 그걸 진정성 있게 받아들였단 말이에요. 나중에 알고 보니 이게 다 허울이었다는 게 밝혀진 거 아니에요? 이게 분노가 들끓는 거죠. 근데 제가 사고 해역에 바지선에 있을 때… 박근혜가 거기 왔었어요. (면담자 : 바지선에요?) 예, 바지선에 왔는데 어떻게 갈 데가 없는 거야, 내가.

면담자   언제, 그 시기가 언제쯤이에요, 시점이?

중근 아빠   그때가 5월, 5월 달이었던 거 같아요. 왔는데 어디 갈 데가 없잖아요? 해군, 그다음에 민간 잠수사들, 그다음에 거기 있는 사람들도 격려한다고 저기 하는데 어쨌든 숨어 있을 수도 없고 그래서 거기 이제 가족, 미수습자 가족이라 그래 가지고 옆에 섰어요. 서서 그냥 어쩔 수 없이 그냥 악수했다고….

면담자　　　그렇죠, 네. 그냥 멀뚱히 이렇게 오면 악수를 일단 하겠죠.

중근 아빠　　악수를 할 수밖에 없었고, 근데 그게 그 장면이 특조위 때인가? 언제 그 영상으로 나오는 저기가 있었단 말이에요. 근데 그 당시에 방문했을 때 그 사람이 행동했던 내용이, 얘기했고 뭐 했던 내용이 다 허울이었다는 걸 알았으면 아마 그 자리에서 그냥 끌고 들어갔을 수도 있어요. 그런 것도 [했으면] 난 또 막 역적이 됐겠지…, 아이들도 못 찾는 상황에 저기 했을 수도 있고…. 근데 그 당시에는 그거를 허울이었다는 걸 몰랐던 게 차라리 다행이었다는 생각이 들어요. 알았으면 무슨 행동을 했을지 모르니까, 그래서.

면담자　　　나중에 그 상황들이 생각날 때면 약간 어이가 없으셨겠네요?

중근 아빠　　당연히 어이가 없죠. 허울이었고, 그거를 그 바지선에서 그 사람하고 내가 악수를 한 것도 참 부끄러운, 부끄러운 저기가 되는 거고.

면담자　　　그 당시에는 아니지만 그런 것들이 나중에, 탄핵 이후에 그런 것들도, 또 탄핵까지 안 가더라도 뭐 이제 그런 것들이 좀 드러나게 되고….

중근 아빠　　탄핵 전에 그런 내용들이 다 드러났잖아요.

면담자　　　네. 그 국면에서 아버님 참 정말 어이없으셨을 것 같아요. 7시간 그것도 역시 마찬가지고….

중근 아빠　　　네. 근데 저는 그렇게까지 했을 거라고는 생각도 못 했는데 어떻게 그렇게까지 얘기가 나오는지를 모르겠어요. 참 대단한 사람이에요. 한 나라의 그런 큰 국내 안전이 심각하게 초래되는 그런 상황에서 실질적으로 자기가 어떻게 어떤 일이 하고 있었고 저기 한 거는 뭐 숨길 수 있는 거는, 숨기는 건 맞아요. 근데 대부분 "그대로 다 보고해라" 해서 자기가 보고받고 저기 해야 되는데, 뭐 한 나라의 통수라는 사람이 그런 게 없었다는 게 참 어이가 없는 거죠.

11
교실 존치 문제와 대리기사 폭행 사건 등

면담자　　　또 한참 교실 존치 문제로 인해 가족분들과 재학생 부모님들과 어려운 상황이 초래됐었는데, 그때는 가족분들 내에서도 의견이 조금 갈리셨던 것 같아요. 마음은 당연히 존치했으면 좋겠다고 생각하시면서도 현실적으로 어쩔 수 없다고 생각하신 분들도 계셨던 것 같고, 아버님은 어떻게 생각하셨어요?

중근 아빠　　　그게 교실 존치 문제가 그 당시에 누가 했냐면 재학생 쪽 아니면 재학생들하고 관련된 외부 인사? 그런 사람들에 의해서 재학생들하고 유가족들하고 이제 중간에서 싸움을 붙이는 그런 상황들이 많이 벌어진 거죠. 어차피 유가족들은 자기 아이가 없어요. 아이가 없으니까 재학생 부모들이 얘기하는 거를 어차피 수용을 해야 되는 상황이에요, 아이들이 없는데. 그렇게 얘기하는 게 저희도 이제 어차피 한발 뒤로 물러서서 활동할 수밖에 없는 상황이었지만 그래도… 재학생, 현재 있는 학생들하고 떠난 아이들하고 같은 학교 울타리 안에서 생활을 했던 거고, 그 아이들을 기리고 그 아이들로 인해서 재학생들도 어차피 더 좋아질 거고, 더 나아가서 국민의 안전을 지키기 위한 교육의 장을 만들고자 하는 좋은 취지를 무조건 다 받아달라고 했던 그런 상황이니까요. 근데 그게 설득하기가 쉽지 않은…. 그러겠지만 재학생 부모들은 부모들 나름대로, 또 밖에서 그거를 뒤에서 부추기거나 앞에서 얘기하는 사람들도 있고…. 근데 어차피 가족들은 이게 무조건 우리가 얘기해서 받아들일 수 있는 상황이 아니었기 때문에 한번 물러서 갖고 '그거를 꼭 해야 되냐?' 그런 내용도 있었던 거예요. 아까 특별법 만드는 거 때문에 국회하고 광화문하고 지방 다니고 그거하고는 약간 좀 성격이 틀리죠[다르죠]. 그거는 우리 부모들이 실질적으로 적극적으로 나서서 해야 되는 상황이었는데, 이 부분은 부모들이 무조건 다 적극적으로 나설 수 없는 상황도 있거든요? 어느 정도 이쪽에서 요구를 그렇게 다 강하게 못 한다고 하면 가족들은 물러설 수밖에 없는 그런 여건이 있었어요.

면담자   그게 너무 안타까웠던 일 같아요. 여기 만들긴 했지만 거기를 보존했어야 된다고 생각하거든요.

증근 아빠   그래서 그런 상황들을, 뭐 안산시도 그렇고 안산지원

165
•
3회차

청도 그렇고 도교육청도, 뭐 어차피 정부에서 해줘야 되는 상황인데 그것들이 그 당시에는 그런 게 안 됐잖아요.

면담자   맞아요, 그게 좀 답답했고…, 근데도 그분이 또 교육감 선거에 나왔을 때….

중근 아빠   (웃으며) 제가 뭐 어찌하겠습니까. 그 사람들이 뭐 교육감을 하고 교육 현장에 나서고 나중에 이런저런 정책을 하겠다고 하는 사람들을 제가 뭐 어떻게 뜯어말리겠어요? 본인들의 마음이지. 그렇게 나와서 그 사람들이 활동하는 데 있어서 우리 가족들이 원하는 내용, 그것들을 잘 받아서 관철을 해주면 좋은 거고 안 되면 서운한 마음이 있는 거고요.

면담자   대리기사 폭행 사건이 있었는데, 그런 것들 보시면서 어떤 생각을 하셨나요?

중근 아빠   대리기사 폭행 사건은… 참 그렇죠. 그게 폭행 사건이, 단순 폭행 사건이에요. 대리기사 부른 사람하고 같이 있던 사람들하고 대리기사하고 얼마든지 언쟁이 있을 수 있어요. 대리기사를 불렀지만 바로 갈 수 없는 상황이라고 잠깐만 기다려달라고 얘기할 수 있어요, 얼마든지. 근데 그런 상황에서 뭐 언쟁이 높아지고 폭행이 있었던 단순 사건인데, 이게 크게 이슈가 된 게 뭐냐 하면 대리기사하고 상대방에 있던 사람들이 세월호 유가족들이란 말이에요. 이거를 부각을 시킨 거죠, 언론이. 언론은 그거를 그냥 쓴 거고 그거를 얘기한 거는 정부라든가 그 당시 여당, 자기들 불리하니까 이제 유리한 쪽으로 몰아가려고 했던 정황으로 보여요. 예전에 이런 내용들이 어차피 많았잖아요? 그런 쪽으로 정치 이슈 삼는 것들이? 그래서 저는 정치적으로 그 사건을 이용해서 그렇게 갔다고 저는 봐요. 일반적으로 그렇게 보면, 보통 상황을 주위에서 보면 그 정도는 진짜 아무것도 아닌 그냥 단순, 단순 사건이란 말이에요.

면담자 그 사건 말고도 사실 이후에 제가 기사를 좀 살펴보니까 정말 사소한 일들까지도 있기만 하면 다 기사화가 되는 거예요. (중근 아빠 : 그러니까요) 네, 언쟁이 있거나 뭐 이런 것들까지도.

중근 아빠 그런 것들은, 이제 쪼그만 거를 좀 크게 키워서 자기들한테 유리한 쪽으로 만들려고 하는 거예요, 그게.

면담자 그래서 어쨌든 가족들 내에서는 임원분들이 물러나실 수밖에 없기도 했고….

중근 아빠 그만큼 그 당시에 중요한 일을 해가고 있는 상황이었고 그런 사건들이, 불미스러운 거 하나 가지고 뺑튀기를 해서 안 좋은 쪽으로 몰아가는 거 뻔히 아는 상황인데, 그런 상황을 만든 게 그렇지 않아도 안 좋은 상황이죠, 그거는. 가족들이 좀 동력을 계속 얻어가지고 넘어가고 있는 상태인데 그 동력이 뚝 떨어진 거잖아요. 그거는 뭐 거기에 관여됐던 사람들은 어차피 자기들이 자숙하고 물러날 수밖에 없는 거고요. 본인만의 문제가 아니고 가족 전체에 대한 피해가 온 거잖아요.

면담자 그 뒤로는 정말 1주기 때 가족들 집회에서도 안 좋은 상황들이 계속 있었던 거 같아요.

중근 아빠   일단 뭐 몇 년, 요맘때 시기가 되면, 지금 5년째인데요. 보통 한 달 전, 두 달 전부터는 마음이라든가 이 몸이…, 그때 있었던 상황으로 계속 생각을 하고 저기 하기 때문에 겉으로 볼 때는 괜찮아 보이긴 하겠지만 그게 상당히 힘든 그런…, 일명 고통이 트라우마로 남는 거예요.

12
이후의 일들: CCTV 조작 보도, 특조위 활동, 인양 등

면담자   정권이 바뀌고 나서는 기대가 많으신가요, 아니면 여전히 우려도 많으신가요?

중근 아빠   바뀌고 나서 기대를 많이 했어요. 기대를 많이 했는데 뭐 아직… 기대했던 거만큼 현저히 성과가 그렇게 없다고 봐요.

면담자   그 이유는 뭐라고 생각하세요?

중근 아빠   글쎄요? 뭐 정확한 이유는 모르겠지만 현재 나오는 결과는 크게 없어서…, 아무튼 기대만큼은 아직 안 나오고 있다고 그렇게밖에 생각이 안 드네요.

면담자   청와대에 갔다 오셨을 때 제가 깜짝 놀랐던 게, 식사를 안 하고 오셨다는 거예요. 그래서 '어떻게 밥을 안 줄 수가 있지?' 그랬는데(웃음).

중근 아빠   그때 갔을 때? 점심 안 먹었나? 그랬나? 그건 기억에 없어요.

면담자   얼마 안 됐잖아요? 얼마 안 된 건 아니구나, 그래도 제법…, 오전 중에 가서가지고 점심때쯤에 아마 끝나셨던 거 같은데.

중근 아빠   그랬나요? 점심을 진짜 안 먹었나? 그것까지는 기억에 없어요. 점심을 안 먹었다, 안 줬다, 이런 그거는 크게 관심이 없었어요.

면담자   그때 어떤 느낌이셨어요? 그럼 어디 관심이 있으셨나요? 문재인 대통령 그 전에 만나신 적 있으셨죠?

중근 아빠   광장에서 집회할 때 그때는 어차피 봤었지만, 실제 청와대에서 본 거는 그때가 처음이죠. 어차피 그때 청와대 가서 간담회 할 때는 "우리 가족들에 대한 내용을 좀 들어주고 해결해 달라" 이런 요청이 주였으니까, 그런 거에 대한 관심이 제일 많았던 거죠. 근데 거기서, 그렇게 간 자리에 점심밥을 안 먹고 왔다? 저는 생각도 못 해봤는데? 아니, 진짜요.

면담자   (웃으며) 유민 아버님이 얘기해 주셨어요. 제가 궁금해서 "식사를 뭐 맛있는 거 주셨냐?"고 그랬더니 딱 기억을 하고 계셨던 거예요. "밥을 안 줬다"고 기억을 하고 계시면서, 제가 그래서 "아니 밥때가 됐는데 왜 밥을 안 줬을까요?" 그랬더니 거기서… (중근 아빠 : 간식만 먹고…) 예, 거기서 했다는 말이 좀 웃겼는데, "가족들이 밥을 잘 못 드실까 봐 청와대에서 준비를 안 했다"는 뭐 그런 얘기를 전해 들으셨다면서…, (중근 아빠 : 아, 그랬데요?) 그때 배가 고파 가지고, 버스에서 배가 많이 고프셨다고(웃음).

중근 아빠　　　저는 밥을 안줬는지 어땠는지 그거는 전혀 기억이 없어요, 생각도 안 해봤고.

면담자　　　어제 이제 보도가 나오는 게 CCTV가 조작됐다거나 아니면 아예 가족분들은 이제 의도적으로 껐다고 또 주장하시기도 하는데….

중근 아빠　　　그 안에서 뭘들 못 했겠어요. 그게 진짜 어제 나온 얘기들이 또 사실로 밝혀졌다 하면 '야, 어떻게 저렇게까지 했을까? 근데 그거를 언제 그렇게 할 수 있는 상황이 있었을까?' 의문이 들어요. 그게 발견했다고 저기 하는 게 저도 어차피 올라와 있을 때였거든요? 올라와 있을 때였는데, 올라오기 전에 그런 일이 있을 거라고는 전… 못 봤거든요.

면담자　　　아, 배 안에 장비나 이런 것들이 뭔가 조작하거나?

중근 아빠　　　아니, 제가 [진도에] 있을 때, 올라오기 전에는 '그런 일이 벌어질 수 있는 상황이 별로 없었는데 언제 그렇게 했었을까?' 이게 의문이 드는 거예요. 제가 있을 때 했을 수도 있겠고 아니면 없었을 때 했을 수도 있겠는데, 시점이 언제인지는 모르겠어요. 그게 사실이라고, 지금 현재는 추정인데, 추정인데 그게 사실이었다고 나오면, 그게 '어느 시점에 언제 저렇게 할 수 있었을까', 그러니까 좀 그렇더라고요.

면담자　　　거기 계실 때 아버님 혹시 국정원 직원은 늘 있지 않았나요?

중근 아빠   있었다고 하는데 누군지는 모르는 거죠. 초창기에, 초
창기에 체육관에서 그 당시 며칠 안 됐을 때야. 며칠 안 됐을 때 가
족이 아닌 사람이 계속 들락날락거리고 뭐 저기 하고 하는 거를 붙
잡았단 얘기는 있었어요. 그 사람이 실제 가족이 아니었던 사람이거
든. 그랬는데 누가 국정원인지 어떻게 알아?

면담자   그렇죠, 그렇죠. 그러면 아버님, 5월에 계실 때에는
누가 누군지 이미 다 아시잖아요? 몇 분 안 계셔가지고. 그때는 낯선
사람은 이제 들어올 수가 없는 거였나요?

중근 아빠   그 안에는 못 들어오게 했죠, 체육관 1층 그 안에는.
근데 그 위에는 어차피 기자들이라든가 이 사람들이 있기 때문에 왔
다 갔다 해도 그거는 뭐 통제를 안 하니까, 거기서 카메라든가 이렇
게 촬영하는 거는 그 안쪽에서는 딱 제한을 두고….

면담자   일일이 다 아실 수 있는 건 아니네요?

중근 아빠   네. 그냥 뭐 그 사람들이 저기 한다고 그러면 해경이
라든가 일반 경찰 쪽에서는 아는 사람들도 혹시 있을 거고.

면담자   혹시 아버님은 사찰 기록에 나오거나 이런 거는 없으
셨나요?

중근 아빠   저요? 지난번에 발표할 때는 특별히 거기에는 없는데
아마 어딘가 남아 있을 수도 있어요. 근데 저는 크게 요주의 인물,
강성이라고 생각을 안 해서 그렇게 저기 했던 거 같아요.

면담자　　　(웃으며) 그런가요? 배 침몰 원인 자체에 대해서 선조 위에서도 하나의 입장을 내지 못했잖아요? 아버님 어떻게 생각하시나요?

중근 아빠　　　근데 그거를 뭐 실질적으로 단정을 지을 수 있는, 결론을 낼 수 있는 증거들이 다 수집이 안 됐잖아요. 그 사람들도 조사할 수 있는 기간도 다 부족해서 실제 종합 보고서를 쓸 수 있는 시간도 부족했고…, 실제 중요한 단서들, 내용들이 안 나오는데…. 뭐 그게 있으면 실제 '외력설이다, 아니면 내부에서 문제가 있어서 저기 한 거다' 이렇게 할 텐데 그게 아니고 저기 하니까 둘 다 보고서를 낼 수밖에 없었다, 이렇게 생각을 해요.

면담자　　　아버님도 일단은 '이거다'라고 좀 확증하시기는 좀 어려운 상황이신….

중근 아빠　　　지금 현재 나와 있는 사항들만 보고서는 실제 확정을 못 짓는 거죠, 저도. 그거를 뒷받침할 수 있는 추가 자료들이 계속 나와서 증거가 돼야 되는데, 근데 지금 그게 아직…, 지금 나와 있는 거 외에는 더 나온 게 없잖아요.

면담자　　　혹시 인양된 후에는 가보신 적 있으세요?

중근 아빠　　　인양된 후에는 뭐냐 하면, 언제죠? 재작년이죠, 17년도? 17년도에는 거의 한 달에 한두 번? 한 달에 한두 번은 내려갔어요, 금요일 날 저녁에 내려갔다가 일요일 날 저녁에 올라오고. 근데 실제 배 인양해서 목포에 거치할 때는 못 가고요, 거치한 이후에 [갔었지요]. 심지어 배가 인양이 되고 목포에 거치하는 날 YM 회장님이 전화 와갖고 "야, 니 목포 내려갔냐?" [하고] 물어보더라고요.

면담자 그분은 그래도 늘 계속 관심을 가지고 계시는군요.

중근 아빠 대단하신 분이에요.

면담자 배 안에 들어가서도 보셨어요?

중근 아빠 안에는 실제 못 들어갔죠, 제가 다닐 때는. (면담자 : 이미 그때는?) 예. 그때는 거치해서 이제 겉에 세척 작업하고 그다음에 뻘 제거하려고 이제 준비하는 단계들, 그때부터 이제 뻘 제거 작업하는 그 시점에 계속 다녀서….

면담자 가족분들이 배 안에 보셨던 거는 아주 초기였었던 거네요.

중근 아빠 목포에 도착해서 뻘 제거 작업하는데 거기 들어갈 수 있던 사람들은 몇몇 사람밖에 없었죠.

면담자 일상적으로 막 들어가시거나 이런 게 아니니까. (중근 아빠 : 그렇죠) 그때 다른 가족분들, 이제 미수습 가족분들이 그래도 유해의 일부라도 찾았는데 그때의 심정은 좀 어떠셨어요?

중근 아빠 그래도 그나마라도 찾기를 다행이죠. 뼈 한 조각이라도 못 찾고 저기 하는 그 마음, 고통하고는 또 틀리니까…. 저도 [그분들을] 진도에 있을 때 보고 그 후에 한동안 못 보다가 목포에 가서 보잖아요. 그러면 제가 가까이 가는 게 또 쉽지가 않고, 그 사람들이 저 보는 시선도 그렇게 썩 달갑지 않고, 그러면서 약간 많이 좀 거리가 멀어지게 돼….

면담자   그러셨을 거 같아요. 그리고 배·보상 관련해서는 아버님은 어떻게 처리하셨어요?

중근 아빠   일단 저희는 그냥 소송을 참여를 했던 거고요. 저희는 뭐 배·보상 돈을 가지고 논할 수 있는 상황이 아니었고, 어차피 우리는 아이들에 대한 진실을 밝혀주는 게 어차피 최우선이었기 때문에 저희는 크게 금전적인 문제로 저기 할 건 없었어요.

면담자   정부에서 엄청 압박을 많이 했던 걸로 알고 있는데요.

중근 아빠   했어도 뭐… 아이에 대한 문제가 더 중요하지, 금전적인 문제는 저희는 중요하지 않았어요.

13
앞으로의 목표 & 마무리

면담자   이제 마무리를 하려고 하는데요, 앞으로 아버님 혹시 목표가 있으시다면?

중근 아빠   지금 목표는…, 저희가 실질적으로 다 할 수 없는 것들은 어차피 지금 특조위라든가 이런 데에서 좀 명확하게 참사에 대한 규명을 해서 거짓 없이 밝혀줬으면 좋겠고, 이제 그거를 토대로 해서 이런 더 이상의 사건이 없었으면 좋겠고요. 국민들이 조금이나마 안전하게 살 수 있는 사회, 그다음에 국민들이 서로의 아픔을 보

174
·
중근 아빠 안영진

듣어줄 수 있는 그런 마음가짐을 많이 가졌으면 좋겠고요.

제가 진도에 있으면서 실수를 했던 게 한 가지가 딱 있어요. 제 생일 날 자원봉사 하시는 분이 "밥 한 끼 먹자"고 [해서] 갔잖아요. 갔는데 그 장소에, 처음에는 누군지 몰랐어요, 버스에 단체로 오셨는데 상복을 입고 오셨더라고. 근데 그 장소에 식당을 단체로 예약을 해서 거기 와서 식사를 하시는 거였어요. 거기에 이제 테이블 하나만 비워서 저희 이제 세 명이 가서 식사를 하고 있었거든요. 근데 그 사람들은 단체로 와서 식사를 하고 가더라고요. '저분들이 어디서 오셨길래 저렇게 단체로 이렇게 오셨을까, 상복을 입고 오셨을까?' 그렇게 [생각]하고 이제 저는 거기서 점심 식사를 하고 다시 체육관으로 왔어요.

근데 그분들이 거기 와 있는 거예요. (면담자 : 체육관에요?) 예. 알고 봤더니 그분들이 광주분들이었어요. (면담자 : 아, 5·18?) 응…, 5·18, 저기 이제 피해가족분들이죠. 그분들이나 저희나 똑같은 피해가족들이라는 거를 [생각 못 하고], 저는 그거를 처음에는 '그분들이 왜 여기에 왔을까?' 그거를 더 자세히 생각을 안 하고 약간 좀 안 좋은 면으로 [생각을] 가졌던 거예요, 그 당시에는. 그분들이 왔을 때는 그나마 본인들이 겪었던 내용들이 있기 때문에 그런 거를 가지고 와서 저희 가족들을 보고 좀 위로를 해주고, 어떻게 했으면 좋겠다는 방향을 얘기해 주려고 온 건데 저는 그거를 미처 몰랐던 거죠.

그래서 제가 그만큼 겪었기 때문에 앞으로 그런 일이 없었으면 더 좋고, 혹시 일어난다면 '그거를 극복하고 치유할 수 있는 서로의 공감대 저기 할 수 있는 내용들이 계속 있었으면 좋겠다' 하는 생각이 들고요. 물론 뭐 지금 현재 우리 남아 있는 가족들… '정신적으로나 육체적으로나 좀 잘 견디고 갔으면 좋겠다'는 생각이 들어요.

면담자   개인적인 목표는?

중근 아빠   개인적인 목표요?

면담자   뭔가 시험에 통과하시는 거라던가(웃음).

중근 아빠   뭐 그렇죠. 그런 거 사소한 거부터 시작을 해서 건강하게 그냥 정년까지 해서 정년퇴임 했으면 하는 게 저의 그냥, 저의 소망이에요.

면담자   아이들하고 어머님 생각이 제일 많이 드시는 거죠?

중근 아빠   그렇죠. 어차피 가장된 입장에서 그걸 안 할 수는 없는 거고요.

면담자   아버님 바쁘신 와중에, 정말 시간 내기도 어려우시고 바쁜 일도 있으시고 그런데도 참여를 해주셔서 정말 감사드리고요. 혹시 못다 하신 말씀 중에서 뭐 생각나시는 거나 아니면 좀 기록으로 남겼으면 좋겠다 하시는 말씀 있으시면 좀 부탁드릴게요.

중근 아빠   글쎄, 뭐 다른 거는 없고요. 앞으로 세월호와 같은 이런 대형 참사는 더 이상 대한민국에서 없었으면 좋겠고요. 저희 세월호와 관련된 유가족들, 그다음에 미수습자 가족들, 좀 치유가 잘 됐으면 좋겠고…. 세월호에 관련되어서 참여해 주신 모든 분들에 고맙다는 말씀드리고요. 그분들도 아프신 분들이 상당히 많아요. 그분들, 아프신 분들 치유가 잘 됐으면 좋겠고, 그 [바다] 어둠 속에서 손으로 다 더듬더듬하면서 한 구, 한 구 올려주신 분들한테 상당히 감사해요. 그분들한테 연락도 못 하고 그냥 감사한 마음만 갖고 있는데 진짜… 그분들도 한 집안의 가장이고 자식이었고 저기 한데, 상당히 힘든 세월을 겪었고 아직도 겪고 있고 앞으로도 저희하고도 같이 겪어야 하기 때문에 그분들이 좀 행복해졌으면 좋겠고요. 대한민국에 행복한 나날들만 있었으면 좋겠습니다.

면담자　　네, 저도 정말 그랬으면 좋겠습니다. 네, 고생하셨습니다. 마치도록 하겠습니다.

4·16구술증언록 단원고 2학년 7반 제9권

그날을 말하다 중근 아빠 안영진

ⓒ 4·16기억저장소, 2020

기획 편집 4·16기억저장소 ｜ **지원 협조** (사)4·16세월호참사가족협의회
펴낸이 김종수 ｜ **펴낸곳** 한울엠플러스(주)
초판 1쇄 인쇄 2020년 4월 1일 ｜ **초판 1쇄 발행** 2020년 4월 16일
주소 10881 경기도 파주시 광인사길 153 한울시소빌딩 3층
전화 031-955-0655 ｜ **팩스** 031-955-0656 ｜ **홈페이지** www.hanulmplus.kr
등록번호 제406-2015-000143호

Printed in Korea.
ISBN 978-89-460-6770-7 04300
        978-89-460-6801-8 (세트)
* 책값은 겉표지에 표시되어 있습니다.